PLANTAR IGREJAS É PARA OS FRACOS

Como Deus usa **pessoas confusas** para plantar igrejas comuns que fazem **coisas extraordinárias**

Mike McKinley

PLANTAR IGREJAS É PARA OS FRACOS

Como Deus usa **pessoas confusas** para plantar igrejas comuns que fazem **coisas extraordinárias**

Mike McKinley

FIEL
Editora

Dados Internacionais de Catalogação na Publicação (CIP)
(Câmara Brasileira do Livro, SP, Brasil)

McKinley, Mike
Plantar Igreja é para fracos / Mike McKinley ; [tradução Francisco Wellington Ferreira]. -- São José dos Campos, SP : Editora Fiel, 2013.

Título original: Church planting is for wimps.
ISBN 978-85-8132-125-7

1. Frequência à Igreja 2. Igreja - Crescimento 3. Missão da Igreja 4. Renovação da Igreja I. Título.

13-00701   CDD-254.5

Índices para catálogo sistemático:
1. Igreja : Desenvolvimento : Cristianismo
   254.5

Plantar Igreja é para Fracos

Traduzido do original em inglês
Church Planting is for Wimps
por Mike McKinley

∎

Publicado por Crossway Books,
Um ministério de publicações de
Good News Publishers
1300 Crescent Street
Wheaton, Illinois 60187, USA.

Copyright © 2013 Editora Fiel
Primeira Edição em Português: 2013

Todos os direitos em língua portuguesa reservados
por Editora Fiel da Missão Evangélica Literária

PROIBIDA A REPRODUÇÃO DESTE LIVRO POR QUAISQUER MEIOS, SEM A PERMISSÃO ESCRITA DOS EDITORES, SALVO EM BREVES CITAÇÕES, COM INDICAÇÃO DA FONTE.

∎

Diretor: Tiago J. Santos Filho
Editor: Tiago J. Santos Filho
Tradução: Francisco Wellington Ferreira
Revisão: Marilene L. Paschoal
Diagramação: Rubner Durais
Capa: Rubner Durais

ISBN impresso: 978-85-8132-125-7
ISBN e-book: 978-85-8132-254-4

FIEL
Editora

Caixa Postal, 1601
CEP 12230-971
São José dos Campos-SP
PABX.: (12) 3919-9999
www.editorafiel.com.br

Para Karen,
Presente de Deus para mim nesta jornada.

ÍNDICE

Apresentação 9

Agradecimentos 13

Introdução - Justificando sua Existência 17

1 – Plantar Igreja - Preferível a Desemprego 23

2 – Como Exatamente Alguém Planta uma Igreja? 39

3 – Uma Coisa é Necessária 55

4 – Limpando os Molhos 77

5 – Deus Sempre faz a sua Vontade 101

6 – Como Estragar Tudo 119

7 – Não se Ofenda: Você Está Fazendo Tudo Errado 133

8 – Redefinindo Extraordinário 147

Apêndice 1 161
  Memorando sobre Plantação de Igreja, preparado por Mark Dever, para os Presbíteros da Capitol Hill Baptist Church

Apresentação

Se você assistiu ao filme *Resgate do Soldado Ryan*, nunca esquecerá a cena inicial. Se você nunca assistiu ao filme, a seguinte lista resume a cena:

- Balas voando
- Sangue jorrando
- Terror por todos os lados
- Morte de soldados

Alguns perderam membros do corpo; alguns, sua vida; alguns, sua sanidade.

Plantar igrejas não é uma guerra física, é mais precisamente uma guerra espiritual. Neste conflito espiritual, assim como na guerra física, há inimigos, armamento, perigo, temor e muito sofrimento. Mas o caminho para a vitória nesta guerra espiritual não é aumentar o poder e ser um "cara forte", e sim render sua vontade e tornar-se um homem de Deus. O seu campo de batalha, a sua cidade, não exige igrejas plantadas por homens conhecidos como heróis. Aquilo de que precisamos hoje são igrejas plantadas por homens que são conhecidos como humildes.

Mike McKinley, como você logo perceberá com clareza, é esse tipo de homem. Ele é mais impressionado com Jesus do que consigo mesmo, servindo como um guia de confiança para aqueles de nós que atravessam águas amedrontadoras ou estão no meio de uma batalha de plantação de igreja madura.

Mike nos mostra que você pode plantar uma igreja que leva a Bíblia a sério e alcançar grupos de pessoas diferentes, e que você não tem de rejeitar a fidelidade bíblica a fim de preservar a relevância cultural. Ele tenta, com ousadia, colocar-nos no "caminho de fidelidade" por tirar-nos da "vereda de números" que frequentemente predomina na esfera de plantação de igreja. Também nos mostra que uma igreja não tem de ser focalizada apenas em um tipo de pessoa, especialmente se estiver localizada em bairros da periferia.

Este livro de Mike não é apenas um grito de batalha para o ajuntamento das tropas. Também funciona como uma arma a ser acrescentada ao arsenal de todo plantador de igreja.

Darrin Patrick
Pastor fundador de The Journey, St. Louis
Vice-presidente, Acts 29
Autor de Church Planter: The Man, The Message, The Mission

Agradecimentos

Devo muitos agradecimentos a muitas pessoas. Por favor, permitam-me um momento para expressar, de início, a minha gratidão.

Aos meus amigos do ministério 9 Marcas devo imensa gratidão. Jonathan Leeman tem sido tanto um amigo excelente como um editor excelente. Matt Schmucker e Mark Dever têm me ensinado o evangelho em palavras e obras por 15 anos. Sou muito grato a Deus por vocês todos.

Devo muitos agradecimentos aos irmãos e irmãs da Guilford Baptist Church, os quais são uma fonte de verdadeira alegria e encorajamento para mim. Agradecimentos especiais são devidos aos meus amigos Gail Smith, Tim Fanus, Paul e Lisa Emslie e Aaron Pridmore, por sua parceria na obra do evangelho em Guilford. Também devo chamar atenção para alguns que são membros da igreja há muito tempo, em especial Nancy Riggs, Doris Jenkins, Lem Jordan, Sharon Brown e Lee Thompson, os quais creram tanto em Deus que confiaram sua igreja a um homem de 29 anos que não sabia o que estava fazendo. Ser o pastor de vocês é uma das maiores honras de minha vida.

Por fim, sou grato pela família maravilhosa com a qual Deus me abençoou. Meu sogro e minha sogra, Virgil e Susie Andrews, têm sido mais bondosos para mim do que planejo ser para o homem que roubar minha única filha. Eles têm sido generosos com suas orações e encorajamento. Também devo muita gratidão aos meus pais, de cujo amor e apoio nunca duvidei.

Sem meus filhos, Kendall, Knox, Phineas e Ebenezer, a vida teria menos aventuras, sorrisos e alegrias. Agradeço-lhes por cederem "o dia de lazer da família", por um tempo, para que eu escrevesse este livro.

E a Karen, cujo amor e serviço eu não mereço... faltam-me palavras. Agradeço-lhe por tudo.

INTRODUÇÃO

Justificando sua Existência

A história de minha vida dirá ao mundo o que ela diz a mim – há um Deus amoroso, que dirige todas as coisas para o melhor.
Hans Christian Andersen

Uma revista eletrônica contém regularmente uma reportagem especial chamada "Justifique sua Existência". A essência da reportagem é esta: eles selecionam um grupo de pessoas sobre as quais você talvez nunca ouviu falar e as colocam em um desafio tremendo. Eles pedem ao grupo que convençam os leitores de que vale a pena dar-lhes oportunidade de serem ouvidos.

Bem, estou ciente de que, a princípio, tenho este mesmo desafio. Você nunca ouviu falar de mim. Não há uma razão óbvia por que você deseje ler algo que eu tenha a dizer. Não sou pastor de uma grande igreja. Apesar do que minha mãe pensa, provavelmente não estou destinado a ser um pregador ou preletor de conferências famoso. Não tenho um discernimento metodológico especialmente brilhante que transformará a sua vida ou o seu ministério. Mas, talvez, tudo isso seja bom. Não estou escrevendo um livro para ajudá-lo a edificar uma igreja enorme ou para advogar uma técnica que garante sucesso amplo.

O QUE HÁ NISTO PARA VOCÊ

Pelo contrário, desejo compartilhar com você minha história de plantação de igreja (bem, um tipo de plantação de igreja... chegaremos nisso depois). Não é uma maneira original de apresentar este material, mas acho que é apropriada, porque os cristãos são pessoas que estão no meio da história de Deus. As pequenas vitórias e o progresso lento do evangelho em nossa vida e em nossas igrejas são, de fato, evidências espetaculares da graça de Deus; e são exatamente as coisas que constituem parte da sua maravilhosa história de redenção.

Portanto, espero que minha história se projete sobre a sua história de uma maneira que seja encorajadora e o ajude em seu ministério. Tenho aprendido que Deus usa pessoas atrapalhadas como eu para plantar igrejas que parecem totalmente inexpressivas para o mundo. A coisa maravilhosa é que, em sua bondade, Deus faz coisas admiráveis por meio dessas igrejas. Minha esperança é que meu testemunho a respeito da maravilhosa graça de Deus na vida diária:

- inspire alguns a se tornarem plantadores de igreja;
- encoraje outros que estão no meio de uma jornada de plantação de igreja;
- estimule pastores de igrejas existentes a investir fortemente em plantação de igreja;
- e dê a todos os membros de igreja um senso melhor de como podem amar e orar por equipes de plantação de igreja, especialmente se Deus os enviar em uma dessas equipes.

Introdução - Justificando sua Existência

Terei muita alegria se, depois de ler este livro, você pensar: *se Deus usou este atrapalhado, certamente ele pode me usar também!* Com esta finalidade, farei um acordo com você: serei transparente quanto a meus fracassos e minhas lutas, que são inúmeros, se você prometer ficar maravilhado com a bondade de Deus. Temos um acordo?

UMA BIOGRAFIA BREVE

Primeiramente, o que você precisa saber a meu respeito? Fui criado nas proximidades de Philadelphia, por isso tenho problemas de ira. Você também os teria se fosse um fã do Eagles. Meus pais foram trazidos a Cristo por meio de uma experiência dolorosa quando eu tinha nove ou dez anos. Eles começaram a arrastar meu irmão e a mim para a igreja. Certo domingo, Deus demonstrou misericórdia para comigo por me dar ouvidos para ouvir o evangelho; converti-me do meu pecado e confiei em Cristo.

Embora eu fosse sério no que diz respeito ao crescimento de minha fé, tinha o que as pessoas hoje chamam de "problemas". Minhas notas escolares eram boas, e eu não me envolvia em dificuldades com garotas ou drogas, mas a minha alma era uma bagunça. Eu era orgulhoso e crítico, muito convencido de que tudo e todos eram idiotas. Era um tolo, e não o sabia. Se alguém me tivesse dito, eu não lhe teria dado crédito. Sejamos honestos, enquanto os adolescentes que estão na igreja não se envolvem em dificuldades com garotas ou drogas, ninguém os importunará. Por isso, cresci orgulhoso e mais irado do que qualquer outra pessoa. À medida que ficava mais velho, a igreja me satisfazia cada vez menos. Em vez disso, achei um escape para a minha ira na música punk rock. A música punk rock vê a estupidez do mundo com clareza, sem tentar dar respostas significativas, e me deu um vocabulário para minha insatisfação. Eu apreciava sua honestidade, por isso adotei seu estilo e sua atitude. Além disso, eu gostava de boas tatuagens. E ainda gosto. De repente, senti-me como se não me encaixasse com a maioria dos cristãos. Eu não queria ser um republicano. Não queria gastar toda a minha vida em busca de uma grande casa e de um carro. E não queria vestir uniformes. Embora eu amasse a Jesus, decidi que, para segui-lo, eu não precisava ser como todos os outros.

Meus anos de faculdade me levaram a Washington DC. Eu pensava que tinha ido lá para receber educação, mas Deus tinha duas experiências transformadoras para mim, nenhuma das quais tinha nada a ver com minhas aulas. Primeiramente, conheci aquela que seria minha esposa, Karen. Como eu, ela amava Jesus e o punk rock, e ainda ama. Soube imediatamente que me casaria com ela, e à medida que esta história se desenvolve, você descobrirá por que ela é o verdadeiro herói de nossa saga.

O outro encontro transformador foi tornar-me membro da Capitol Hill Baptist Church (CHBC), pastoreada por Mark Dever. Embora a maioria da igreja fosse constituída de pessoas

Introdução - Justificando sua Existência

de mais de setenta anos, eles receberam calorosamente o rapaz de cabelos esverdeados, saiote escocês e botas de combate. A igreja logo se tornou meu lar espiritual. Minha alma floresceu sob a pregação, o cuidado pastoral e a amizade de Mark Dever. E Deus usou a obra de Mark de revitalização da igreja para inflamar meu amor pela igreja.

Depois da faculdade, Karen e eu casamos e voltamos para Philadelphia, a fim de que Karen continuasse seus estudos, antes que eu estudasse no seminário. Para prover nosso sustento, eu trabalhava como vendedor de seguros, em expediente integral, para telefones celulares. E começamos a produzir filhos, o que nos trouxe exigências de tempo integral. (Encurtando a história, temos agora quatro filhos – Kendall, Knox, Phineas e Ebenezer. Só pensar neles me faz sorrir.)

Quando terminei o curso no seminário, a congregação da Capitol Hill Baptist Church me pediu que voltasse a Washington para unir-me à equipe ministerial da igreja como plantador de igreja. Logo que tivemos outro bebê, Karen rapou sua cabeça como um presente de graduação para mim e voltamos a Washington. Passamos pouco mais de um ano na equipe ministerial da Capitol Hill Baptist Church e, depois, plantamos uma igreja chamada Guilford Baptist Church, com sete outras pessoas, a quase 50 km, em Sterling (Virginia). Realmente, seria mais exato dizer que sete de nós foram reformar uma igreja chamada Guilford Fellowship, que já tinha vinte membros. Explicarei isso à medida que prosseguimos.

Querido leitor, foi assim que tudo isto começou.

Plantar Igreja Preferível a Desemprego

As favelas podem estar produzindo viveiros de crime, mas os condomínios de classe média são incubadores de apatia e e ilusão desvairada.
Cyril Connolly

Na primavera de 2003, eu estava cansado – muito cansado. Estava trabalhando quarenta horas por semana, como gerente para uma companhia de seguros. Isso envolvia o falar com consumidores insatisfeitos, que se importavam demais com a troca de seu celular, e envolvia, também, o supervisionar empregados iniciantes que estavam ou engravidando ou atacando uns aos outros. E, ainda, estava com uma carga árdua de aulas no *Westminster Theological Seminary*, em Philadelphia, além de dirigir do trabalho para a escola várias vezes por dia.

Toda manhã eu estava no escritório às seis e meia. Toda tardinha, no final do dia de trabalho, minha esposa, Karen, me encontraria no estacionamento do edifício de meu escritório para deixar o bebê comigo. Depois, ela iria para seu trabalho como enfermeira na emergência do hospital local, enquanto eu voltava para casa, para estudar. Acrescente a isso reformas e reparos numa casa de cem anos de existência e pouco tempo restante para dormir.

Quer ser um porquinho da Índia?

Assim, quando Mark Dever, meu ex-pastor na Capitol Hill Baptist Church, me telefonou certa manhã e pediu que me encontrasse com ele, naquele dia, no campus do seminário, senti-me relutante. Fiquei feliz em encontrar-me com Mark, mas fazer isso significou ficar até tarde no trabalho. Também significou a perda de meu cochilo de 15 minutos à tarde, que era a única coisa que havia entre mim e o abismo. Todavia, Mark tem problemas com limites e uma maneira de conseguir o que ele quer; por isso, tarde naquele dia eu engoli um copão de café de posto de gasolina e atirei-me num banco fora da biblioteca do seminário, esperando que Mark chegasse.

Quando ele chegou, começamos com alguns momentos de bate-papo, mas ele se voltou para o assunto importante rapidamente. A igreja em Capitol Hill estava crescendo além de seu espaço para reuniões, ele disse, e o custo de fazer as reformas importantes em seu velho prédio era exorbitante. Os presbíteros da igreja haviam decidido implementar uma estratégia de plantar igrejas nos bairros periféricos. Ele estava ali para lançar um desafio: eu estaria interessado em retornar a Washington e ser um plantador de igrejas do tipo porquinho da Índia da CHBC?

No final, eu diria sim, é claro. Mark é um homem bem introduzido na Máfia Reformada. Ele tem um logo enorme da *Alliance of Confessing Evangelicals* tatuado em suas costas. Em sua lista de contatos, ele tem o número de telefone da residência de J. I. Packer sob o nome "Jim P". E você não diz "não" para um cara como este.

No entanto, ainda que fosse Mark quem estivesse pedindo, os últimos sete anos no negócio de seguros para celulares me deixaram dispostos a pegar um trabalho como assistente de gerente na Wendy's, a cadeia de restaurantes de *fast food*. De fato, eu tentei, e eles me rejeitaram, mas isso é uma história para um livro diferente. Visto que muitos de meus amigos seminaristas tinham gasto três anos e milhares de dólares em aulas, mas lutavam para achar uma oportunidade de ministério de tempo integral, eu não perderia uma oportunidade como esta. Por isso, disse a Mark que falaria com Karen, que eu pensava não ficaria muito animada a mudar, e voltaria a conversar com ele.

Plantando para hipsters

Eu já havia recebido alguns outros convites para plantar igrejas, mas os havia rejeitado. Nunca pensei em mim mesmo como um plantador de igreja. Seminaristas falam frequentemente sobre plantar igreja como se isso exigisse uma marca indelével na alma. "Você é um plantador de igreja?", eles perguntavam em tom confidencial. Os homens verdadeiramente dotados podem lembrar, de vez em quando, pensamentos de plantar igreja ainda no ventre de sua mãe. Por outro lado, examinei minha alma duas vezes, mas não achei marcas indeléveis, pelo menos não desse tipo.

Além disso, várias organizações haviam me contatado a respeito de plantar igrejas na parte moderna da cidade onde viviam e bebiam todos os jovens profissionais ricos. Acho que a ideia era que eu seria o pastor tatuado, vestido de camiseta de punk rock, que teria uma igreja cheia de jovens da faixa dos 20 anos, todos os quais usavam óculos escuros de plástico. Nós nos reuniríamos num armazém às terças-feiras à noite e depois seguiríamos para o bar local. Boa teologia. Música alta. Talvez um nome de igreja moderno obtido de uma palavra grega ou latina que soaria legal por cinco ou seis anos.

Você pode imaginar o quadro? Sejamos honestos – teria sido muito divertido. Eu poderia ter conhecido pessoas legais e feito um bom ministério.

Mas parecia uma maneira realmente má de plantar uma igreja.

Não me entenda errado – posso ver como um cenário apresenta uma maneira eficaz de atrair uma multidão. Pessoas favorecem pessoas que as favorecem. Elas favorecem coisas boas e serviços moldados ao seu gosto e à maneira como querem ver a si mesmas. O marketing de nichos é eficaz. Então, plante uma igreja que oferece vibração inteligente, levemente rebelde, divertida e hipster, e você atrairá jovens quase ricos da faixa dos 20 anos, uma vez que essa é a maneira como eles querem sentir-se a respeito de si mesmos. Se você fizer isso com habilidade, poderá atrair muitos deles. Esperançosamente, você será capaz de ajudar os jovens que tiver atraído: levá-los a Cristo, ensinar-lhes muito sobre Jesus, equipar pessoas a cuidar da cidade. Não estou criticando isso. Seria maravilhoso! Mas... Acho que eu não teria uma igreja muito *saudável*. A Bíblia parece sugerir que uma igreja expressará diversidade de faixa etária. Citando apenas um exemplo, considere a instrução de Paulo a seu protegido Tito:

Tu, porém, fala o que convém à sã doutrina. Quanto aos homens idosos, que sejam temperantes, respeitáveis, sensatos, sadios na fé, no amor e na constância. Quanto às mulheres idosas, semelhantemente, que sejam sérias em seu proceder, não caluniadoras, não escravizadas a muito vinho; sejam mestras do bem, a fim de instruírem as jovens recém-casadas a amarem ao marido e a seus filhos, a serem sensatas, honestas, boas donas de casa, bondosas, sujeitas ao marido, para que a palavra de Deus não seja difamada. Quanto aos moços, de igual modo, exorta-os para que, em todas as coisas, sejam criteriosos (Tt 2.1-6).

Nesta passagem, Paulo tem instruções para homens idosos (serem temperantes e dignos de respeito) e para moços (serem autocontrolados). Ele tem até instruções para que as mulheres idosas ensinem às mais novas a respeito de como serem esposas e mães piedosas! É difícil ver como isso acontece, se todos na igreja são da mesma idade, certo? Supõe-se que os jovens de 27 anos devem ensinar aos de 22 anos como serem piedosos nesse estágio de sua vida? Não sei quanto a você, mas, quando eu tinha 27 anos, eu era bem patético (falando a verdade, ainda o sou).

De fato, se você examinar o que a Bíblia diz sobre este assunto, verá que uma das glórias do evangelho é que ele reconcilia pessoas que nunca poderiam ser reconciliadas sem ele. Em Efésios 2, Paulo descreve a gloriosa exibição da sabedoria de Deus na igreja quando diferentes tipos de pessoas se unem (especificamente, judeus e gentios). Em João 13.35, Jesus nos diz que o mundo saberá que somos discípulos dele por causa de nosso amor uns pelos outros. Mas, se passamos o tempo apenas com pessoas que são da mesma idade, gostam do mesmo tipo de música e compartilham de nosso gosto, opinião política e preferências, em que somos diferentes do mundo? Todo não cristão que você conhece não passa o tempo com pessoas que são como ele ou ela (Mt 5.47)?

O amor na igreja deve ser inexplicável para o mundo, pelo menos em parte. As mulheres idosas da Capitol Hill Baptist Church que, em 1995, convidaram ao seu lar aquele rapaz de cabelo estúpido e piercings na face, para almoçar depois do culto – *elas* estavam mostrando as riquezas da sabedoria de Deus para o mundo espectador. Quando uma igreja parece diversificada no exterior, isso acontece frequentemente porque o evangelho é central. Essa é a razão por que você quer ver igrejas cheias de políticos liberais e conservadores, pessoas que usam jeans e ternos de três peças, homens e mulheres de pele branca, morena e preta, cristãos velhos e novos, amigos tatuados e não tatuados, e assim por diante. Igrejas que têm como alvo apenas um grupo demográfico trabalham, em última análise, contra essa demonstração da sabedoria de Deus.

NÃO DIGA: "PRINCÍPIO DE UNIDADE HOMOGÊNEA"
DIGA: "CONTEXTUALIZE"

Não são muitos os livros ou líderes de igreja de nossos dias que falam sobre o princípio de unidade homogênea – apelando a um grupo homogêneo de pessoas. Em algum momento, entre os anos 1980 e 1990, escritores sobre crescimento de igreja pararam de usar a expressão porque ouviram queixas no sentido de que ela era biblicamente problemática. Além disso, eles precisavam, de alguma maneira, tentar alcançar grupos específicos; por isso, começaram a falar em termos de "contextualização" – adaptar a si mesmo a um contexto. Não quero reprovar totalmente a sensibilidade de pessoas boas envolvidas em contextualização, mas a fascinação evangélica com este assunto me faz perguntar se não é apenas uma versão atualizada do princípio de unidade homogênea: pegue a sua porção social da população e apele... quero dizer, se contextualize com eles.

Quando começamos igrejas planejadas intencionalmente para apelar a certo tipo de pessoa, falhamos em atender ao mandado bíblico de ser tudo para com *todos* (1 Co 9.22). Parece que muitas igrejas querem adotar a primeira expressão sem a segunda. Queremos ser tudo para algumas pessoas. O problema é que tornar-se tudo para algumas pessoas – ou seja, por gravarmos tatuagens no corpo e nos harmonizarmos com a música – nos impede frequentemente de alcançar todos os tipos de pessoas. Afinal de contas, tentar ganhar uma porção específica da população (por exemplo, jovens urbanos) significa frequentemente alienar outras (como pessoas mais velhas ou estrangeiros).

Parece-me que em 1 Coríntios 9 Paulo não estava dizendo que ele imitaria as pessoas que tentava alcançar, você sabe, usando uma túnica rasgada e sandálias Doc Martens. Em vez disso, ele tentava remover o escândalo desnecessário sempre que possível. Não estava dizendo aos coríntios que usassem cavanhaques, e sim que não exibissem ostentosamente sua liberdade cristã diante de todos. Paulo estava encorajando a igreja a ser sensível às culturas ao seu redor, sim, e por ser sacrificial em seu amor, disposta a renunciar coisas que ela talvez teria preferido não renunciar. Até hoje, gosto de punk rock. Eu poderia exibir as tatuagens e plantar uma igreja punk rock que tiraria suas sugestões musicais de Stiff Little Fingers e sua atitude da banda The Clash. Entretanto, como isto mostraria amor para com as mulheres idosas de minha vizinhança, o mesmo tipo de mulheres que me recebeu tão bem na Capitol Hill Baptist Church? Parece que devemos plantar intencionalmente igrejas que receberão com alegria e envolverão pessoas que são diferentes no que diz respeito a idade, personalidade, gênero e nacionalidade.

Plantar Igreja - Preferível a Desemprego

No entanto, isto dificilmente acontece! De acordo com um estudo, apenas 5% das igrejas protestantes nos Estados Unidos são igrejas multirraciais (definidas como uma igreja que tem um mistura étnica em que não mais de 80% da congregação é constituída de um grupo predominante).[1] Pensemos nisto por um breve momento. Se você estivesse plantando uma igreja em uma zona rural em que 99% da população pertence a um único grupo étnico, posso entender por que sua igreja seria monoétnica. Contudo, se começamos igrejas em cidades e bairros que estão em crescimento, lugares que têm grande diversidade, as nossas igrejas não deveriam refletir essa diversidade? Pode acontecer que nossos esforços para "envolver a cultura" nos categorizem como pessoas que alcançam apenas um único grupo cultural.

Talvez você esteja pensando: *"Mas pessoas jovens não irão a igrejas em que a música não é adaptada a eles"*. Isso pode ser parcialmente verdadeiro, mas é verdadeiro somente porque eles estão em igrejas que não têm a visão bíblica de alcançar *todas as pessoas*. Mas, e se pastores em todos os lugares decidissem parar de renderem-se a exigências consumistas? O que aconteceria se pastores ensinassem os membros de igreja a renunciarem seus direitos em benefício de pessoas que são diferentes? Pastor, você tem medo de que, se tentar fazer isto, talvez perca uma parte de seu mercado?

---

1 Michael Emerson, *People of the Dream: Multiracial Congregations in the United States* (Princeton, NJ: Princeton University Press, 2006). Se isso tem algum valor, podemos dizer, em referência a 2009, que 70% de nossa congregação é constituída de um grupo predominante.

Então, o que deve caracterizar uma plantação de igreja que pretende alcançar pessoas de todos os tipos de contexto? É óbvio que ela precisa mostrar amor intencional para com pessoas de culturas diferentes. Pessoas de outras culturas saberão imediatamente se elas são aceitas ou apenas toleradas como uma curiosidade. Em nossa igreja, tentamos ser intencionais quanto a ter membros de outras culturas envolvidos em liderar nossas reuniões coletivas, seja na oração, na leitura bíblica ou na pregação. Além disso, 40% de nosso conselho de presbíteros é formado por não americanos, não brancos (e isso não inclui os advogados, que deveriam talvez ser seu próprio grupo étnico).

Também, a maneira como ordenamos nossas reuniões pode impactar a maneira como crentes internacionais se sentem. Em nossa congregação, muitos dos irmãos e irmãs procedentes de outras culturas foram atraídos por quão semelhantes os nossos cultos são com os que eles têm em seu país de origem. A música é diferente, com certeza. A maneira como as pessoas se vestem é diferente, sem dúvida. Nossos cultos podem ser mais quietos ou mais barulhentos do que os cultos com os quais eles estão acostumados. Mas os cristãos que se reúnem em igrejas na Tailândia, na África do Sul, na Nigéria, na Guatemala, fazem, todos, as mesmas coisas: eles oram, cantam, leem a Bíblia e ouvem a pregação da Palavra de Deus. Quanto mais nos focalizamos em fazer essas coisas, tanto mais "em casa" os irmãos internacionais se sentem. Quanto mais importamos filmes, teatro e cultura popular para a igreja, tanto mais específicas e focalizadas as nossas reuniões parecem, e tanto menos à vontade esses irmãos se sentem.

Ora, não estou dizendo que não pode haver diversidade em igrejas que seguem as últimas tendências. Você pode mencionar grandes igrejas que seguem a unidade homogênea e são maravilhosamente diversas. Isso faz sentido porque, quando o evangelho é ensinado com clareza, haverá a unidade transcultural. Mas creio realmente que a diversidade deles acontece apesar de seguirem o princípio de unidade homogênea. Graças a Deus, o evangelho pode triunfar sobre todos os tipos de estupidez pastoral, incluindo a minha. Enquanto pensamos sobre plantar igrejas, precisamos achar maneiras de cultivar diversidade, e não de buscar homogeneidade.

MORRENDO PARA O EGO, COM PORSCHES E MANSÕES

Desculpe-me a interrupção. O pregador emergiu. Voltemos à nossa história. A Capitol Hill Baptist Church estava me convidando para plantar o tipo de igreja que queria plantar, mas houve algo na oferta deles que eu não gostei: eles queriam que eu plantasse uma igreja nos subúrbios de Washington DC, no Norte do Estado da Virginia, que, de muitas maneiras, eram ricos e estéreis como os subúrbios de Philadelphia, onde eu crescera. Crescer na terra de Range Rovers e Saabs me tornara um amante de punk rock. O que viver lá permanentemente poderia fazer por mim? Para tornar as coisas piores, o condado onde eles queriam plantar a igreja, o Condado Loudoun, tem a mais elevada renda familiar média de qualquer condado nos Estados Unidos – mais de 107 mil dólares por ano. O Condado Fairfax, vizinho daquele, está em segundo lugar.

Esse não era o tipo de lugar em que eu imaginaria trabalhar. Talvez eu quisesse ir para algum lugar que parecesse mais comigo. Eu não gostava dos subúrbios – no coração, sou um homem do centro da cidade. E Karen fora criada a 2.700 m acima do nível do mar, nas Montanhas Rochosas. Os subúrbios nos impressionaram como uma combinação do pior da cidade (populoso e feio) com o pior das montanhas (nada acontecia, não havia artes, nem cultura, e pouca diversidade). Sempre dissemos a nós mesmos que iríamos a qualquer lugar que o Senhor nos chamasse, até à China, mas não para uma casa nos subúrbios. Queríamos servir num lugar em que as pessoas fossem necessitadas, onde houvesse comunidade, em vez de inúmeras mansões. Por isso, o Condado Loudoun, com todos os seus shoppings, não satisfez as nossas paixões. De fato, uma revendedora autorizada de Ferrari, Porsche e Lamborghini está localizada em frente de onde estou assentado, escrevendo, agora. E não estou brincando.

Mas estou bem certo de que Jesus disse algo, em certa ocasião, a respeito de tomar a cruz e segui-lo. No que diz respeito à cruz, isto foi uma cruz bem pequena.

Também acho que muitos plantadores de igreja ficam paralisados com um interesse evidente por determinado lugar. Quero dizer, talvez Deus lhe tenha dado um interesse por certa área

Plantar Igreja - Preferível a Desemprego

geográfica. Se isso é verdade, não posso falar-lhe de outro modo. Mas conheço muitos que dizem ter um "interesse", quando, na realidade, o que eles têm é uma "preferência pessoal" ou "um nível de conforto" em relação a certo lugar. Então, eles rejeitam todo tipo de oportunidades, visto que elas não se enquadram no seu "interesse evangelístico". Se Deus lhe der uma oportunidade de plantar uma igreja em um lugar que tenha cristãos necessitados de uma igreja que lhes ensine o evangelho ou tenha não cristãos que precisam de uma igreja que lhes proclame o evangelho, você deve pensar muito e seriamente sobre isso, embora seja em um lugar que você não preferiria.

Portanto, embora Karen e eu não quiséssemos morar nos subúrbios, começamos a orar sobre isso. Fiquei um pouco entusiasmado com a oportunidade de plantar uma igreja com a Capitol Hill Baptist Church, mas lutei com sentimentos de culpa sobre o fato de que estaríamos indo para um lugar desafiador. Afinal de contas, em minha mente, o ministério urbano sempre pareceu mais intransigente. Na cidade, há oportunidades para ajudar pessoas necessitadas, levar o evangelho a influenciar famílias arruinadas, levar o evangelho de reconciliação aonde existe tensões étnicas. Em minha mente, pastores urbanos são como os fuzileiros navais. Podem gabar-se de seus esforços nas reuniões da corporação. Mas, nos subúrbios, você tem as BMWs passando pelo drive-thru de restaurantes de *fast food* e entrando anonimamente na garagem com um controle eletrônico. O ministério aqui é como unir-se à Guarda Costeira. É como serviço militar, mas você não pode gabar-se dele para seus amigos.

Plantar igrejas é para os fracos

Um dia, eu estava me queixando para um dos meus professores no Westminster, Manny Ortiz, sobre se eu deveria plantar uma igreja nos subúrbios. O Dr. Ortiz sabe mais a respeito de plantar igrejas do que eu jamais saberei. Ele já plantou muitas igrejas entre os pobres e necessitados. Pensei que ele se mostraria simpático para com meus sentimentos. Depois de ouvir minha queixa, ele falou palavras que, em retrospecto, parecem óbvias, mas eu não as captei totalmente. Ele disse: "Onde há pessoas ricas, há pessoas pobres cuidando de seus jardins e pintando suas casas. Vá e encontre-as, se você quer ajudar pessoas pobres". Fiquei logo convencido de que deveria calar a boca e ir aonde o Senhor estava evidentemente nos chamando.

No entanto, eu não tinha certeza de que Karen estava interessada. Afinal de contas, havia muitas razões para permanecermos em Philadelphia: estávamos contentes por morar perto da família. Tínhamos bons amigos. Estávamos integrados em nossa igreja. Em breve, teríamos outro filhinho. Apreciávamos a vizinhança em que vivíamos. E estávamos terminando o processo de reformar e refazer a nossa casa. Poderíamos ter achado um trabalho numa igreja local que pagaria as contas e me daria experiência no ministério pastoral. Não fazia muito sentido mudar nesse tempo.

Mas, enquanto orávamos, o Senhor mostrou com clareza que devíamos ir. Karen, acredite ou não, tem o dom de saber o que devemos fazer. Não estou certo onde isso se enquadra no mapa de dons espirituais, apresentados nas epístolas de Paulo, mas há ocasiões em que Deus fala a Karen (não audivelmente, assim ela diz) e apenas lhe diz o que acontecerá. Posso dizer quando Deus falou com ela porque sua voz passa a ter um tom de convicção firme. Este é um dom realmente útil que alguém pode ter (ou mesmo ser casado com alguém que o tenha), por isso aprendi a reconhecê-lo e ouvi-lo. Quando ela veio para casa um dia e falou: "Eu estava orando e fiquei convencida de que temos de ir para Washington DC", eu sabia o que estava acontecendo. Antes, ela se mostrava incerta e hesitante; agora, ambos tínhamos clareza sobre a decisão. Estávamos indo para Washington DC.

COMO EXATAMENTE ALGUÉM PLANTA UMA IGREJA?

Uma grande pergunta permaneceu saliente: como uma pessoa planta uma igreja? Eu não sabia realmente qualquer coisa sobre plantar igreja. Isso me parecia muito intimidante e mais do que impressionante. As boas notícias eram que, primeiramente, eu passaria um ano ou dois no ministério da Capitol Hill Baptist Church, em Washington DC. Entre outras coisas, eu deveria usar esse tempo para aprender mais sobre o processo de plantar igreja.

Dito isso, bem cedo no processo, recebi, de um pastor e autor bem conhecido, um conselho desencorajador sobre todo o projeto. Este homem veio a Washington DC e, quando descobriu que estávamos plantando uma igreja, ele nos disse: "Não vai dar certo. Ninguém vai querer vir à sua igreja quando pode dirigir apenas mais alguns quilômetros e ouvir Mark Dever".

Obrigado, amigo, porque eu ainda não estava intimidado pelo pensamento de começar do zero uma igreja em um lugar onde eu nunca estivera. Agora, eu tinha um resoluto "voto de desconfiança" de um dos meus heróis, para o qual podia olhar em retrospecto sempre que a situação ficasse difícil. Isso aconteceu em acréscimo ao fato de que a residência provida pela Capitol Hill Baptist Church não tinha TV a cabo, o que significava não ter ESPN. Tudo isso contribuiu para uma transição desagradável.

O PLANO DO JOGO

Depois de vários meses no trabalho, Mark e eu passamos dois dias em Philadelphia, discutindo ideias sobre o assunto de plantar igreja. Acontece que o cheiro de urina nas ruas favorece o pensar com mais clareza, por isso Philadelphia era o lugar ideal. Formulamos um plano do jogo,[1] que era mais ou menos assim:

1) Eu começaria a encontrar-me com os membros da CHBC que poderiam estar interessados em plantar a igreja. Mark e eu identificamos 107 membros que já moravam a boa distância da igreja e poderiam gostar da perspectiva de plantação de uma igreja na área deles ou membros que eram relativamente livres e poderiam estar dispostos a mudar de lugar (como jovens solteiros). Decidimos que seria melhor não dizer antecipadamente às pessoas que eu me reuniria com elas para verificar a conveniência e a disposição delas em plantar-

---

[1] Quanto ao documento que escrevemos e apresentamos aos presbíteros da igreja, ver Apêndice 1.

Como Exatamente Alguém Planta uma Igreja?

mos a igreja. Mark se mostrou particularmente interessado em que ninguém da igreja se sentisse como se os presbíteros o considerassem disponível ou expansível. Portanto, comecei a agendar almoços e cafés com os membros da igreja para ouvir suas histórias e criar relacionamentos.

2) Eu me encontraria com outros plantadores de igreja e pastores na área em que plantaríamos a igreja. A princípio, houve alguma dúvida sobre se Karen e eu iríamos para o Norte da Virginia ou para o Sul de Maryland. Então, visitamos o sul de Maryland, e a escolha ficou clara. Depois, passei boa parte de minhas semanas dirigindo para encontrar-me com estes homens no Norte da Virginia, muitos dos quais se tornaram meus amigos e colegas no ministério.

Se você vai plantar uma igreja, encontrar-se com outros plantadores e pastores na área intencionada é uma obrigação indispensável. Eles lhe dão ouro puro. Conhecem a área, são experimentados e conhecem o pulso espiritual da comunidade. Cada vez que eu tinha esses encontros, perguntava sobre a história da igreja deles, explicava minha situação, pedia conselho e advertência deles e orava com eles.

3) Eu me tornaria mais envolvido no ensino público da Capitol Hill Baptist Church. Se alguém me acompanharia na plantação de uma igreja, precisava ser confiante de que eu poderia ensinar a Palavra de Deus competentemente. Por isso, os presbíteros me deram a oportunidade de ensinar uma série de estudos bíblicos, nas quartas-feiras à noite, sobre os Dez Mandamentos, uma oportunidade de pregar sermões por um mês

na época do Natal e de ensinar teologia sistemática no seminário da igreja (que vocês chamam de Escola Dominical, e quando se é mais esnobe e não se quer chamá-la de Escola Dominical, como o faz o resto do mundo cristão). O objetivo era ensinar tão frequentemente quanto possível para criar confiabilidade por parte da congregação. Por fim, os membros da igreja aprenderiam a confiar em meu ensino e liderança, ou assim eu pensava.

Se você me permite divagar por um momento... Quando medito na oferta da Capitol Hill Baptist Church para mim, fico impressionado com a realidade de quão altruísta uma igreja tem de ser para plantar outra igreja. Os membros da CHBC investiram grande quantidade de dinheiro em meu salário e despesas, mas pediram relativamente pouco em termos de serviço à própria congregação. Os outros membros da liderança me permitiram "excluí-los" de oportunidades de ensinar e ocupar o púlpito, o que é moeda corrente para os membros do corpo de ministros da igreja. Tudo isso mostra o amor da igreja pelo crescimento do evangelho, em detrimento do crescimento do pequeno reino deles. Se você é um pastor de uma igreja e está pensando em plantar outra igreja, eu o encorajo a apoiar seus plantadores de igreja como a CHBC me apoiou.

O POTE DE OURO

O alvo de longo prazo, o pote de ouro evangélico no fim do arco-íris da plantação de igreja, era começar um trabalho evangélico a uns 45 minutos da cidade. Por que a 45 minutos?

Como Exatamente Alguém Planta uma Igreja?

- Acreditávamos que uma igreja plantada mais distante da igreja-mãe teria um começo mais fácil, porque haveria menos "competição". Geralmente, competição não faz bem para a plantação de igreja.
- Ela serve a pessoas que viajam mais de uma hora para participar dos cultos de domingo, o que era comum na Capitol Hill Baptist Church. Essas pessoas não podem estar muito envolvidas na vida de uma congregação, e, portanto, plantar uma igreja perto de onde elas moram aprimora a sua oportunidade de envolvimento congregacional.
- Também serve à evangelização que eles realizam, porque também poderiam convidar famílias incrédulas, amigos, vizinhos e colegas de trabalho.
- Esperávamos que plantar a igreja nesta distância abriria espaço precioso na CHBC para pessoas que moravam em sua vizinhança. E a CHBC teria outra igreja que ela poderia indicar aos visitantes do Norte da Virginia.
- A CHBC poderia se tornar cada vez mais uma igreja de pessoas que moravam perto da igreja, e isso contribuiria para a sua própria vida congregacional.

Era uma estratégia em que ambas as partes ganhariam.

AS DESVANTAGENS DE PLANTAR UMA NOVA IGREJA

A última coisa a determinar era se plantaríamos uma igreja totalmente nova ou se teríamos uma equipe de plantação que se uniria a uma igreja existente para revitalizá-la. Plantar uma igreja (começar do zero uma congregação) e revitalizar uma igreja (vivificar o ministério de uma igreja quase morta) compartilham do mesmo alvo: criar um testemunho evangélico fiel onde não existe nenhum. Ambas as obras têm a oportunidade única de crescer por atrair pessoas que não frequentam uma igreja e por trazer novo vigor à proclamação do evangelho em uma comunidade específica.

Embora eu mesmo creia que plantar igreja é algo maravilhoso e, muitas vezes, a única opção viável, seguimos a ideia de revitalização de uma igreja. Quero apresentar as vantagens e as desvantagens tanto de plantar como de revitalizar uma igreja, começando com as desvantagens de plantar uma nova igreja.

Em primeiro lugar, começar uma nova igreja pode apresentar importantes dificuldades logísticas. Com frequência, novas igrejas têm de se reunir em ambientes portáveis – um local alugado para onde os crentes precisam trazer e remover seus equipamentos cada semana. Isto pode ser caro. O aluguel custa frequentemente milhares de dólares por mês, e a despesa inicial com equipamentos pode atingir mais de mil dólares. Isso pode ser um fardo inibidor em um pequeno grupo de pessoas que não têm um compromisso de longo prazo com a igreja. Afinal de contas, você quer que seu grupo essencial gaste seu tempo precioso fazendo a obra do ministério – saudando visitantes, mostrando hospitalidade, ensinando crianças, evangelizando a vizinhança. Arrumar os microfones

Como Exatamente Alguém Planta uma Igreja?

e as cadeiras pode fazê-lo sentir-se como se estivesse realizando algo, mas é apenas um meio para um fim.

Também, o processo de colocar e dispor as cadeiras e preparar o sistema de som cada semana é cansativo. Quando eu considerava em plantar uma nova igreja, encontrei-me com um pastor cuja igreja se reunira numa escola por muito tempo. Ele comentou como a energia da igreja era drenada por carregarem e descarregarem cada semana o equipamento. O problema é este: terra no Condado Loudoun custa entre 500 mil a 1 milhão de dólares por lote de 4.000 m^2. Ainda que você consiga que o condado aprove a construção de uma igreja (o que quase nunca acontece agora, porque igrejas não pagam imposto territorial), um prédio de igreja novo precisará de milhões de dólares para ser construído. Por isso, começar do zero implica, comumente, compromisso de longo prazo com o árduo trabalho de reunir-se cada semana em um lugar que não pertence à própria igreja. É claro que você não precisa de um prédio para ter uma igreja, mas não é por nada que os cristãos, durante milhares de anos, têm achado conveniente ter prédios dedicados a acomodar seus bancos, seus cálices e outras coisas semelhantes.

Além disso, novas igrejas não têm frequentemente um método bem estabelecido de lidar com questões administrativas, tais como folha de pagamento, orçamento e contabilidade. Para as pessoas que são dotadas a ensinar, mas não a administrar, isto pode ser um desafio real. Certamente, isto é verdade no que diz respeito a mim. Precisamos de dois anos em nossa plantação de igreja, antes que alguém descobrisse como pagar os impostos necessários na data certa. Organizações de plantação de igreja ajudarão um plantador em algumas dessas tarefas, mas taxas importantes podem estar envolvidas.

Outra dificuldade que acompanha a plantação de igreja é que novas igrejas têm de trabalhar para ganhar credibilidade na comunidade. Novas igrejas são novas, é claro. Isso pode ter alguns benefícios. Pessoas são, às vezes, atraídas por coisas novas, como o McRib. Isso, porém, significa que uma igreja não tem reconhecimento instantâneo de seu nome em uma comunidade. Geralmente, obter um lugar firme na memória da comunidade toma uma quantidade de tempo significativa.

Sei de uma plantação de igreja que recebe três chamadas telefônicas por semana de pessoas que perguntam se eles são uma seita (isso deve estar, de algum modo, relacionado com o nome tolo, artificial e pós-moderno que eles escolheram). Esse não é o tipo de reação que você quer ter.

As vantagens de plantar igreja

Por outro lado, novas igrejas têm vantagens peculiares. Uma nova igreja não tem bagagem pessoal (embora, com o passar do tempo, ela terá). Não há uma maneira fixa de fazer coisas que suprime a evangelização vigorosa e criativa. Não há máquina institucional que precisa ser alimentada, nenhum programa que precisa ser atendido e mantido por causa de membros antigos. Por isso, um de meus mentores me aconselhou certa vez: "Plante uma nova igreja. Dessa maneira ninguém jamais poderá se opor a você por dizer que esteve ali antes de você". Há verdade nessa afirmação. Se você tem uma maneira única e clara pela qual quer fazer uma igreja, talvez seja mais fácil começar do zero. Você pode fazer as coisas da maneira como deseja fazê-las. E, se as pessoas não gostarem disso, elas se manterão longe. Isso pode tornar mais suave a sua vereda como pastor.

Novas igrejas também podem fazer um bom trabalho em alcançar novos moradores na comunidade. Isto é particularmente estratégico em lugares em que a população está crescendo ou mudando com rapidez. Alguém que é novo na cidade pode ser mais atraído ao ministério em que ele pode envolver-se desde o início e tornar-se rapidamente parte da vida da igreja. Além disso, igrejas existentes nem sempre são socialmente flexíveis; elas têm dificuldade de acomodar populações migrantes e de receber diferentes tipos de pessoas. Uma nova igreja pode adaptar-se melhor a pessoas de contextos socioeconômicos diferentes.

Portanto, essas são as desvantagens e os benefícios de começar uma igreja do zero.

AS DESVANTAGENS DA REVITALIZAÇÃO

As dificuldades que acompanham a revitalização são muitas. O fato mais importante é que sempre há uma boa razão por que a igreja precisa ser revitalizada. Quando eu considerava a perspectiva de revitalizar a Guilford Fellowship, contatei um mentor que tentara fazer uma obra semelhante no início de sua carreira. Ele respondeu apenas: "Há uma razão por que a igreja está morta. Não toque nela".

Ele estava certo. Esta igreja em específico morrera não por um acidente do destino. Ela havia experimentado mais de dez anos de liderança pastoral que oscilara entre pobre e bizarra. Um pastor anterior fora apanhado "emprestando" seus sermões da internet. Parece que outro pastor havia feito cópias de um boletim mensal da igreja, cujas margens ele ilustrara, à caneta, com alguns dos eventos orientados para o dragão mencionado no livro de Apocalipse. Não há mistério quanto à razão por que esta igreja caíra em tempo difíceis. Pastores que emprestam sermões e gastam preciosas horas do dia desenhando dragões não tendem a contribuir para o crescimento de membros de igreja saudáveis. Havia muito a superar antes de avançarmos com a igreja.

Enquanto um plantador de uma nova igreja pode começar a construir do zero, aquele que faz uma revitalização tem usualmente de realizar primeiro alguma obra de demolição. E isso não é, geralmente, bem recebido. Se a igreja tivesse feito as coisas que igrejas saudáveis fazem, ela não estaria morta. Os membros vão reclamar. Isso envolve frequentemente um processo longo, demorado e doloroso. Essa é a razão por que alguns de meus amigos gracejam, de vez em quando, dizendo que plantar igrejas é para os fracos. Certamente há desafios em estabelecer uma nova loja que vende produtos diversificados

Como Exatamente Alguém Planta uma Igreja?

quando não existe qualquer loja em uma cidade de cowboys poeirenta. Mas o xerife tem de vir e remover o lixo da cidade antes que a edificação comece – ele é o verdadeiro homem. Isso nos traz a outra desvantagem da revitalização. Não é fácil achar uma igreja interessada em ser revitalizada. Frequentemente a igreja está morta ou quase morta porque os bandidos tomaram o controle. Eles não estão procurando um xerife que venha e limpe a bagunça que fizeram. Mas a revitalização é, pelo menos, uma possibilidade porque alguns dos cidadãos da cidade querem a mudança e estão lhe pedindo que venha. Essa é uma igreja difícil – mas não impossível – de encontrarmos.

Além disso, enquanto é verdade que novas igrejas sofrem, às vezes, de uma falta de reconhecimento de seu nome na comunidade, você não tem de exercitar muito a imaginação para adivinhar por que isso pode ser uma coisa boa. A reputação de igrejas antigas é muitas vezes prejudicial à obra de revitalização. Talvez a igreja seja conhecida apenas por algum escândalo moral do passado, ou racismo, ou inimizade na comunidade. Um indivíduo que promovia a revitalização de uma igreja descobriu que a única coisa pela qual sua igreja era conhecida na comunidade era uma decisão imprudente de destruir um marco histórico em sua propriedade trinta anos antes. (Mas, todos estes não são argumentos em favor da revitalização?)

Quando cheguei à nossa congregação, alguns dos vizinhos eram familiares com a igreja e ficaram animados com o fato de que alguém queria colocá-la em atividade novamente.

Mas, quando eu dizia para a maioria das pessoas da comunidade o que eu estava fazendo, elas apenas perguntavam: "Aquela igreja ainda está aberta?" ou: "Você está falando daquela igreja lacrada na rodovia". Éramos conhecidos primariamente pelo fato de que as placas da igreja estavam caídas e as janelas estavam cobertas com chapas de fibra de vidro escuro, fazendo-a parecer abandonada.

AS VANTAGENS DA REVITALIZAÇÃO

Por outro lado, há vários benefícios estratégicos em revitalizar uma igreja morta. Primeiramente, revitalizar uma igreja promove o reino em duas direções. À semelhança da plantação de igreja, os esforços de revitalização estabelecem uma nova presença evangélica em uma cidade, mas também removem um mau testemunho. As pessoas em Sterling (Virginia) não veem mais nossa igreja como um outdoor que diz: "Jesus e seu povo são irrelevantes. Continue dirigindo". Em vez disso, as pessoas veem, cada vez mais, um farol no monte. Veem, cada vez mais, um testemunho vibrante e dinâmico em favor da verdade. Sim, é mais difícil você andar pela cidade em seu cavalo, para estabelecer uma nova loja de produtos gerais, *enquanto* cumpre o papel de xerife, mas fazer isso beneficia tanto o reino como o mundo espectador.

Também, a revitalização de igreja estimula os santos na congregação morta. Em muitos casos, igrejas mortas têm crentes fiéis que são profundamente comprometidos com sua

Como Exatamente Alguém Planta uma Igreja?

congregação. Eles esperam através de tempos difíceis. Continuam vindo domingo após domingo, embora pouca coisa esteja acontecendo. Essas queridas ovelhas são amadas pelo Salvador, mas geralmente não têm um pastor que possa cuidar delas. Quando considerávamos nossas opções em Sterling, pareceu errado começar uma nova igreja na área da Guilford Fellowship, enquanto as pessoas daquela igreja se esforçavam. Quando uma igreja é revitalizada, os santos da igreja são encorajados e pastoreados de uma nova maneira. Um das minhas maiores alegrias como pastor tem sido o ouvir algumas mulheres mais velhas de nossa congregação recontarem histórias de orarem fielmente pela igreja durante anos. Agora, elas se deleitam com o que Deus tem feito. A fé dos santos é renovada, e eles são encorajados enquanto servem ao corpo que cresce.

Por fim, revitalizar uma igreja nos capacita a mobilizar recursos para o evangelho. Muitas vezes, igrejas mortas estão assentadas sobre um grande tesouro de recursos (terra, dinheiro, equipamentos) que podem ser utilizados para a propagação do evangelho (Lc 16.9). A Guilford Fellowship tinha um prédio e terras que valiam milhões de dólares. E tinha mais de cem mil dólares em sua conta bancária. Todos esses recursos estavam parados, fazendo quase nada em benefício do reino. Apenas por uma questão de boa administração, igrejas evangélicas interessadas em plantar igrejas deveriam também considerar a revitalização. Nossa obra na Guilford nos tem permitido empregar esses recursos para revitalizar uma igreja, plantar outra, evangelizar nossa comunidade e contribuir para o sustento de missionários. Se, em vez de envolver-nos numa revitalização, tivéssemos plantado uma nova igreja, estaríamos quebrados, e o dinheiro da Guilford ainda estaria parado no banco.

O CAMINHO QUE ESCOLHEMOS

Plantar igreja é mesmo para os fracos? Bem, plantar e revitalizar exige diferentes tipos de coragem, e Deus determina uma tarefa específica para cada homem. Vá aonde Deus o guia. Como Karen e eu pensávamos sobre o nosso futuro, quisemos tomar o caminho de revitalizar uma igreja existente, embora compreendêssemos que as chances de acharmos tal igreja eram mínimas. Creio que o revitalizar pode ser mais difícil no início, mas também creio que o revitalizar oferece todas as recompensas do plantar – um novo testemunho evangélico – e mais: remove um mau testemunho na vizinhança. Encoraja os santos da igreja morta e põe os seus recursos materiais a trabalhar em favor do reino.

A questão diante de nós era como acharíamos uma igreja que era uma boa candidata para revitalização? Como disse antes, igrejas mortas não estão batendo à nossa porta em busca de serem revitalizadas. As boas notícias são que servimos a um Deus soberano que tem uma maneira de fazer exatamente o que ele quer. Como esperávamos, um dia fui para meu escritório na Capitol Hill Baptist Church e encontrei algo que ele deixara em minha mesa.

UMA COISA É NECESSÁRIA

Enquanto eu estava adormecido ou bebendo cerveja de Wittenberg, com meus amigos Philip Melanchton e Amsdorf, a Palavra infligiu maior dano ao papado do que príncipes e imperadores jamais infligiram.
Martinho Lutero

Havia um tráfego muito intenso no sábado em que mudamos nossos pertences de Philadelphia para Washington DC. Eu parei numa interminável fila de carros na rodovia Baltimore–Washington. E comecei a sentir dúvidas penetrando em meus pensamentos. O que eu estava fazendo? Eu não sabia nada sobre plantar igreja. Como acharíamos uma igreja morta, com teologia compatível, que nos receberia num esforço de revitalização? Os membros da Capitol Hill Baptist Church desejariam realmente seguir-me? Uma porção de coisas improváveis teria de acontecer para sairmos deste caminhão parado em um engarrafamento de tráfego, a fim de que eu pastoreie, algum dia, uma verdadeira igreja, com pessoas nela.

Se eu fosse uma pessoa mais santa, talvez teria meditado nas palavras de Jesus, como "sem mim nada podeis fazer" (Jo 15.5) ou "toda a autoridade me foi dada no céu e na terra" (Mt 28.18). Enquanto eu pensava, orei: "Ó Deus, se o Senhor quer que isto aconteça, terá de fazer alguma coisa espetacular". Depois, aumentei o volume do rádio.

ANTES DE ARRUMARMOS TODAS AS COISAS

Karen e eu chegamos finalmente a Washington DC, descarregamos o caminhão e passamos algumas semanas desempacotando coisas. Mas, antes que tudo estivesse arrumado, Deus colocou em ação as rodas da plantação de igreja. Em meu primeiro dia no escritório na Capitol Hill Baptist Church, achei em minha mesa uma comunicação escrita por Mark Sherrid, um estagiário na CHBC que estava indo para Louisville, a fim de estudar no Southern Seminary. Ele estivera discipulando um casal na CHBC que decidira se mudar para o Norte da Virgínia. Visto que o casal era novo na fé, Mark decidiu ajudá-los a procurar uma boa igreja perto de sua casa. Por isso, ele imprimiu uma lista de igrejas batistas da convenção do Sul situadas na cidade natal deles (Sterling, Virginia) e começou a visitar uma por uma, a cada sábado.

No decorrer daquelas visitas, Mark se deparou com uma igreja chamada Guilford Fellowship. Em sua comunicação, ele descreveu um quadro de uma igreja que estava desaparecendo. Cerca de vinte pessoas frequentavam as reuniões matinais de domingo (algumas semanas depois, mais uma família deixaria a igreja). As acomodações estavam em péssimas condições. Aparentemente, o último pastor não tinha feito um bom trabalho em liderar a igreja e pregar a Palavra. Não havia liderança visível e nenhum caminho de esperança adiante. A igreja recebera uma grande soma de dinheiro do Estado, em um eminente litígio de propriedade, mas não fora capaz de estabelecer um novo pastor, apesar de receber centenas de currículos.

Mark Sherrid não podia encorajar o casal de novos crentes a frequentar essa igreja, mas ele reconheceu o potencial para revitalização. Por isso, ele me pôs em contato com a igreja.

À primeira vista, tudo parecia providencial. Isso era exatamente o que Karen e eu estávamos procurando – uma igreja que lutava com dificuldades e tinha uma teologia conservadora. E, acrescente-se um bônus, a Guilford Fellowship estava em uma localização ideal, bem perto de uma rodovia importante próxima ao aeroporto Dulles. Fiquei entusiasmado, por isso entrei em contato com um dos membros da igreja e combinamos que eu pregaria num domingo vindouro e nos reuniríamos posteriormente para explorar possibilidades futuras.

CAMINHÕES LIMPA-FOSSAS E CARROSSÉIS

Como esperávamos, várias semanas depois Karen e eu fomos de carro até a Guilford Fellowship, em um domingo de manhã, com algumas pessoas da Capitol Hill Baptist Church. Estivera imaginando as possibilidades e fiquei empolgado com o fato de que esta pequena igreja podia ser a resposta à minha pobre oração feita no caminhão de mudança parado no tráfego...

E nos dirigimos até à igreja.

Plantar igrejas é para os fracos

Tenho certeza de que, naquele dia, havia lugares mais deprimentes na terra. Contudo, se não levássemos em conta todos aqueles lugares onde pessoas estavam morrendo realmente, naquele domingo teria sido difícil alguma coisa superar aquela pequena igreja batista em sua letargia melancólica, como um gato velho que, comido por vermes, dava seus últimos e incômodos suspiros. Permita-me tentar descrever a cena para você.

Primeiramente, a localização era desagradável. O Estado da Virgínia havia construído a rodovia principal atrás da igreja; por isso, a parede de blocos na parte de trás da igreja se eleva sobre todos que passam. Uma vez que saímos da rodovia principal para a via lateral que conduz à igreja, nos achamos passando por um corredor de empresas de caminhões limpa-fossas e empresas de divertimento para crianças necessitadas. Nada dá a impressão melhor da "parte pobre da cidade" do que caminhões limpa-fossas e carrosséis desbotados e assustadores dos anos 1960. Permita-me dizê-lo desta maneira: quando um distribuidor de cerveja nacional se instalou recentemente no outro lado da rodovia, ele melhorou significativamente o ambiente da vizinhança. Entramos no estacionamento de cascalho da igreja, mas não havia nenhum cascalho, apenas mato na altura do joelho. Uma cruz de madeira do tamanho de uma criança estava fixada no jardim, guardando de modo ameaçador a porta da frente. No aspecto positivo, as placas da igreja estavam tão desgastadas pela exposição ao tempo que era improvável que alguém fosse capaz de identificar que igreja era aquela.

Uma Coisa é Necessária

As coisas não eram melhores no interior do prédio. Primeiramente, entramos pela ala de dois andares da igreja, feita de blocos, construída nos anos 1950. Esta parte havia sido redecorada nos anos 1980, aparentemente quando coisas como colocar carpetes nas paredes era uma boa ideia. O carpete do assoalho havia afrouxado, formando grandes bolhas e ondas que ameaçavam de tropeço pessoas mais velhas e crianças pequenas. Havia muita bagunça ao redor, e as decorações da Escola Bíblica de Férias do ano anterior ainda estavam penduradas nas paredes. A sala dos homens parecia como se tivesse sido decorada por um designer de ambientes do filme de terror *O Silêncio dos Inocentes*. O carpete na área do berçário tinha uma mancha marrom assustadora que se adequava bem às janelas quebradas e às paredes cheias de mofo. Cruzes estavam espalhadas indiscriminadamente em todo o prédio, incluindo uma que estava suspensa do teto à altura exata para que alguém batesse a cabeça nela. Pôsteres em molduras amareladas cobriam as paredes (pense em "Pegadas na Areia").

Andamos até ao lugar de reunião principal, que era uma pequena capela dos anos 1870. O espaço em si mesmo era ótimo, com teto alto e oito janelas grandes e velhas. Infelizmente, alguém havia coberto essas janelas com chapas de fibra de vidro vermelho escuro, talvez para fazê-las parecerem vitrais. Todavia, os "vitrais" faziam a capela parecer lacrada, pelo lado de fora, e vermelho escuro brilhante no lado de dentro, dando-lhe um aspecto um pouco parecido com o inferno. É claro que o inferno não teria seis cruzes espalhadas ao redor da sala, incluindo uma pendurada atrás do púlpito cerca de 30 cm ao lado do centro, o que era visualmente mais incômodo do que você possa imaginar. Acrescente a tudo isso um mostruário cheio de cálices e pratos católicos romanos, lustres cheios de insetos mortos e apainelamento de madeira dos anos 1970. Assim, você tinha um prédio que seria melhor renovado com escavadeira ou mesmo dinamite.

UM *HINDENBURG* ECLESIÁSTICO

A reunião de domingo se encaixou perfeitamente com o ambiente. Igrejas pequenas tendem a agir como igrejas pequenas; isso é ótimo, se você não quer que alguém que não é de sua pequena igreja se torne parte dela. Mas, se você quer que visitantes voltem à sua igreja, ter assentadas nos bancos pessoas que fazem pedidos de oração, escolhas de cânticos e anúncios não é uma boa estratégia. Talvez seja melhor agir como se você tivesse pensado de antemão sobre o que você fará na reunião.

O mais impressionante é que parecia que algumas pessoas não estavam ali realmente para adorar a Deus. O menino que monitorava o projetor mostrava brincadeiras na tela, no intervalo entre os cânticos, coisas como as palavras "a cabeça de Jim" com uma seta apontando para a cabeça do rapaz que tocava o teclado. (Em retrospecto, temos de lhe dar crédito: pelo menos *alguém* pensara na reunião de antemão.) Outras pessoas levantavam-se e saíam no meio do culto, retornando somente 15 minutos depois.

Quando me levantei para pregar, vi que dois adolescentes estavam demonstrando publicamente suas afeições no banco de trás e continuaram a fazê-lo durante todo o sermão.

Os pobres amigos que nos acompanharam desde a Capitol Hill Baptist Church não sabiam se riam ou se choravam. Ainda bem que o final do culto foi rápido; logo, nos dirigimos ao estacionamento e nos preparamos para voltar a Washington. Acho que era óbvio para todos: esta não era a igreja que estávamos procurando.

Para todos, ou seja, exceto minha esposa. Logo depois de Karen higienizar as crianças da cabeça aos pés, com panos desinfetantes, e acomodá-los em seus assentos no carro, ela se voltou para mim e disse: "Viremos certamente aqui para revitalizar esta igreja".

Meu estômago revirou. Eu sabia o que isto significava. Como mencionei antes, quando Karen sabe o que deve acontecer, isso acontece. Poderia levar meses ou anos, mas eu sabia que, por fim, eu compreenderia o que ela já sabia.

Mas isso não aconteceria logo. Eu não tinha o menor interesse em ser o capitão deste pequeno *Hindenburg* eclesiástico. Além disso, a coordenação do tempo não ajudaria. Eu acabara de chegar na CHBC e precisava de tempo para obter experiência pastoral e formar uma equipe de plantação de igreja; e a Guilford queria contratar um pastor imediatamente. Assim, partimos amigavelmente. Ofereci ajudá-los a encontrar uma pessoa que ocuparia o púlpito deles. Agradeceram-me por ter ido. Continuamos a nossa vida e esquecemos toda a experiência.

TORNANDO-ME O PASTOR DELES

Quando voltei para trabalhar na Capitol Hill Baptist Church, continuei a preencher minha agenda com encontros com pastores e plantadores de igreja na região, para conhecer seus pensamentos e obter conselho. Enquanto eu fazia perguntas, comecei a compreender que todos eles concordavam em duas coisas:

- Seria realmente ótimo ter um prédio da igreja.
- Devido às condições econômicas e ao rápido crescimento do Condado Loudoun, nenhum novo projeto de plantação de igreja deveria esperar ter um prédio permanente.

O condado é muito relutante em rezonear lotes para igrejas, visto que elas não pagam impostos prediais. Ainda que você ache um imóvel adquirível que tenha zoneamento apropriado, você estará competindo com os incorporadores de imóveis comerciais que têm bolsos muito mais fundos. A maioria das propriedades de igrejas que são vendidas no Norte da Virginia é convertida em habitação, edifício de escritórios ou lojas de varejo. A única esperança realista em relação a um prédio de igreja é comprar a propriedade de uma igreja que está fechando ou se mudando.

Repentinamente, a Guilford Fellowship pareceu mais atraente. Afinal de contas, poderíamos mudar tudo que estava errado nela. Seis meses se passaram. Contatei um dos líderes da Guilford, movido por curiosidade, e soube que eles ainda não haviam contratado um pastor. Karen e eu conversamos e oramos sobre o assunto. Concluímos que as possibilidades compensavam os problemas. Por isso, recomeçamos a conversa. Preguei poucas vezes para eles. Comecei a recrutar uma equipe na CHBC e me reuni com toda a congregação da Guilford para uma entrevista. Pudemos todos nos assentar ao redor de uma mesa grande.

Ora, francamente, eu não acho que alguém na Guilford Fellowship estava animado com a perspectiva de me ter como seu pastor. Eu tinha 29 anos, sem qualquer experiência, e uma porção de ideias sobre como as coisas deveriam ser feitas. No entanto, a maioria da congregação reconheceu que eles não tinham qualquer outra opção viável. Qualquer um que tivesse um histórico mais atraente teria recebido ofertas mais atraentes. Infelizmente, eu era a melhor opção deles.

No lado positivo, eu era um pacote completo. A Capitol Hill Baptist Church continuaria a pagar a maior parte de meu salário por mais dois anos, e eu levaria pessoas comigo para que a igreja funcionasse novamente.

No entanto, algumas pessoas da Guilford não gostaram do tom da mudança, por isso se opuseram a todo o empreendimento. Ou talvez apenas não gostassem de mim pessoalmente, embora isso pareça improvável. De qualquer maneira, a igreja conseguiu, finalmente, trazer o assunto à votação no domingo. E...

A proposta não passou na votação. Quatorze pessoas estiveram presentes para a votação. Dez votaram a favor de chamar-me como pastor, e quatro se abstiveram. Visto que os estatutos da igreja exigiam um mínimo de 75% dos membros presentes quando tivessem de lidar com o assunto de chamar um pastor, a abstenção era contada como "não". Toda a questão era complicada pelo fato de que a igreja não tinha uma lista formal de membros. Os adolescentes poderiam votar? Ou, os homens idosos que frequentavam a igreja havia anos, mas nunca se tornaram membros? Ou, as senhoras que eram membros, mas não frequentavam a igreja havia mais de um ano e foram trazidas pelas pessoas que não gostavam de mim? Independentemente do resultado, eu recebi um telefonema naquela quarta-feira à noite dizendo-me que a proposta fora rejeitada.

O que aconteceu em seguida não é totalmente claro para mim, e os detalhes que tenho foram obtidos de outra pessoa. Outra assembleia foi convocada para considerar o assunto. Aparentemente, algumas das senhoras piedosas da igreja levantaram a voz e repreenderam as pessoas que estavam "mantendo a igreja refém". Parece que elas mudaram o pensamento das pessoas em tempo para uma segunda votação, que foi realizada e aprovou a nossa chamada.

Quando chegou o tempo de deixarmos a Capitol Hill Baptist Church, sete de seus membros concordaram em vir conosco. Tivemos dois casais jovens, com bebês, dois rapazes solteiros e uma moça solteira que se mudaram para Sterling, para ajudar na obra. Eu deveria começar como pastor da Guilford Fellowship em 1º de junho de 2005.

Em nosso primeiro domingo, algumas semanas depois, mudamos o nome para seu nome original: Guilford Baptist Church. Uma das mulheres mais velhas me agradeceu. "Em todos estes anos, senti como se estivéssemos vivendo uma mentira. Somos uma igreja batista; devemos nos chamar o que somos", ela disse.

TRABALHANDO COMO ENCANADOR OU PASTOREANDO?

Permita-me parar a história por um momento e lhe fazer uma pergunta. Se você se colocasse em meu lugar, o que você apontaria como a maior necessidade na Guilford, naquele dia de junho? Em face da desordem total em quase todas as frentes, de que coisa a igreja mais necessitava? Certamente, algumas coisas precisavam de atenção imediata.

Três dos quatro banheiros da igreja não funcionavam. Nem mesmo Spurgeon poderia fazer uma igreja crescer, se as pessoas não podiam usar os banheiros. As placas precisavam ser arrumadas. As chapas de fibra de vidro precisavam ser retiradas. E o mato no estacionamento precisava ser cortado. Com tudo isso, o que você diria ser a maior necessidade da igreja? Qual deveria ser a maior prioridade de um plantador ou revitalizador de igreja?

Permita-me sugerir uma resposta que talvez não seja imediatamente evidente: a única coisa que a Guilford Fellowship mais precisava de seu novo pastor era a pregação da Palavra de Deus, de maneira clara, sistemática e convincente.

Por quê? Porque a Palavra de Deus é o centro da vida da igreja. Como disse Edmund Clowney: "A igreja é a comunidade da Palavra; é a Palavra que revela o plano e o propósito de Deus. Na igreja, o evangelho é pregado, crido e obedecido. A igreja é a coluna e o alicerce da verdade (Fp 2.16)".[1] A Palavra de Deus é mediadora da presença de Deus para nós.

A igreja se reúne para conhecer a Deus e estar em sua presença. E, em nenhuma de suas passagens, a Bíblia diz que devemos procurar ou esperar conhecer a Deus por meio de visões em êxtase, palavra profética ou sonhos. De vez em quando, Deus pode escolher, soberanamente, usar esses métodos de comunicação. Mas a maneira normal pela qual Deus fala para nos mostrar o que ele fez, como ele é e o que deseja de nós é por meio da sua Palavra. E a igreja de Deus entra em contato com a Palavra de Deus por meio de ler a Palavra, pregá-la e ouvi-la.

Ouça o conselho do apóstolo Paulo a um jovem pastor/plantador de igreja: "Até à minha chegada, aplica-te à leitura, à exortação, ao ensino" (1 Tm 4.13).

Ouça de novo o que ele disse ao mesmo pastor/plantador de igreja, noutra carta:

> Conjuro-te, perante Deus e Cristo Jesus, que há de julgar vivos e mortos, pela sua manifestação

---

[1] Edmund Clowney, *The Church* (Downers Grove, IL: InterVarsity, 1995), 16.

e pelo seu reino: prega a palavra, insta, quer seja oportuno, quer não, corrige, repreende, exorta com toda a longanimidade e doutrina (2 Tm 4.1-2).

Sem a Palavra de Deus, uma igreja não tem qualquer esperança, enquanto se prepara para se encontrar com este Deus que julgará vivos e mortos. Não tem qualquer meio de conhecer o evangelho de maneira salvadora (Rm 10.14-17; 1 Co 1.21). Não pode crescer em Cristo. Sem a Palavra de Deus, um pregador, especialmente um jovem pregador com pouca história, não tem verdadeira autoridade. Ela pode ser capaz de cativar as pessoas com os artifícios da carne, assim como qualquer comediante ou estrela de rock. Mas, sem a Palavra, ele não terá a confiança espiritual da parte de seu povo. Por que uma igreja confiaria seu bem espiritual a um jovem de 29 anos que não sabe nada? Por que um homem de idade, que tem sido cristão por 20 anos, criou uma família e desenvolveu uma carreira, se importaria com o que este jovem de 29 anos diz sobre casamento, filhos, dinheiro ou sobre tomar a cruz e seguir a Jesus?

Mas, se este jovem de 29 anos pode simplesmente abrir as páginas da Bíblia e explicar o que Deus mesmo diz, a igreja tem algo sobre o que pode agir. Portanto, a autoridade não está no pregador, ou em sua pessoa e sabedoria, e sim na autoridade de Deus mesmo, que inspirou sua Palavra.

Mais uma vez, Edmund Clowney o disse muito bem:

Em toda tarefa da igreja, o ministério da Palavra de Deus é central. É a Palavra que nos chama a adorar, nos guia em adoração, nos ensina como adorar e nos capacita a louvar a Deus e a encorajar uns aos outros. Por meio da Palavra, recebemos vida e somos nutridos para atingir a maturidade em Cristo. A Palavra é a espada do Espírito, que nos corrige, e o sopro do Espírito, que nos alimenta. Na missão da igreja, é a Palavra de Deus que chama as nações ao Senhor. Pelo ensino da Palavra, fazemos discípulos das nações. O crescimento da igreja é o crescimento da Palavra (At 6.7, 12.24, 19.20). Onde há fome da Palavra de Deus, nenhum perito em administração comercial ou em dinâmica de grupos edificará a igreja de Cristo.[2]

O que a Guilford Fellowship precisava mais fundamentalmente era de alguém que pregasse a Palavra de Deus para eles. E, amigo, se você é um plantador ou revitalizador de igreja, a sua igreja precisa disto.

TRÊS INIMIGOS

Se o que eu disse sobre a centralidade da Palavra de Deus é verdade, então, por que os líderes de igreja gastam tanto

---

2 Ibid., 199-200.

Uma Coisa é Necessária

tempo fazendo outras coisas? Quero sugerir três coisas que impedem os plantadores de igreja de focalizarem-se em sua responsabilidade primária de pregar a Palavra de Deus.

Pragmatismo mal empregado
O primeiro inimigo da prioridade da pregação é o pragmatismo mal empregado. Se você é um plantador ou revitalizador de igreja, você pode ter, como eu posso ter, em determinado dia, o sentimento de que ensinar e pregar a Palavra de Deus (ou preparar-se para ensinar, o que exige mais tempo) não parece ser a maneira mais eficiente de edificar e fazer a igreja crescer. Você poder ter o sentimento de que seu tempo pode ser mais bem utilizado na avaliação de material de marketing, em conhecer pessoas, examinar a localidade, planejar programas de crianças e consertar as dependências da igreja.

Em meus primeiros dias na Guilford, eu me encolhia de vergonha enquanto via os visitantes chegando ao salão principal, aos domingos, e olhando o caos e a desordem ao redor. Eu ia para o escritório, cada dia, e me via instigado pela tentação persistente de pular a preparação do sermão, para consertar, limpar ou remover algo.

Isso não significa que eu não fiz essas coisas. Eu trabalhava com zelo. Peguei um pé-de-cabra e arranquei as chapas vermelhas que cobriam as janelas. Substitui vasos sanitários, pintei banheiros e assentei novos assoalhos. Arranquei mato e plantas inúteis e espalhei cascalho. Organizamos os dias de trabalho e tivemos pessoas da CHBC que vieram para remover o lixo, pintar as calçadas e consertar o estacionamento. Enfim, o prédio se parecia mais com um lugar decente e higiênico onde pessoas podiam se reunir. Essas coisas precisavam ser feitas, e ninguém se preocupou tanto com elas quanto eu (exceto, talvez, Karen).

Mas eu disciplinei a mim mesmo para assegurar-me de que todo este trabalho seria feito em meu tempo extra. Trabalhar nas acomodações e no terreno aconteceu depois de eu cuidar de minha responsabilidade primária de preparar-me para ensinar a Palavra de Deus. Portanto, sendo franco, não estou dizendo que é errado um plantador ou revitalizador de igreja fazer coisas além da pregação. Estou dizendo que preparar-se e pregar a Palavra de Deus merece nosso melhor tempo e energia.

Na realidade, *essa* é a coisa pragmática que você deve fazer, se quer ter uma igreja saudável. Todas as outras coisas podem até parecer mais urgentes e mais importantes. Talvez pareça que planejar o envio de convites para atrair a atenção da vizinhança e organizar um grande evento seja a melhor maneira de edificar a igreja. Mas Deus nos diz que sua Palavra é o meio que ele usará para edificar sua igreja.

Orgulho

O segundo inimigo de tornar a pregação uma prioridade é o orgulho. É necessário humildade para edificar a igreja na pregação da Palavra de Deus, porque isso não é particularmente enaltecedor para o pregador. Mas faz parte do plano de

Deus. E, como é verdade, Deus não está interessado na glória de pregadores, nem na minha glória. Foi isso que Paulo disse aos crentes de Corinto:

> Certamente, a palavra da cruz é loucura para os que se perdem, mas para nós, que somos salvos, poder de Deus. Pois está escrito: Destruirei a sabedoria dos sábios e aniquilarei a inteligência dos instruídos. Onde está o sábio? Onde, o escriba? Onde, o inquiridor deste século? Porventura, não tornou Deus louca a sabedoria do mundo? Visto como, na sabedoria de Deus, o mundo não o conheceu por sua própria sabedoria, aprouve a Deus salvar os que creem pela loucura da pregação (1 Co 1.18-21).

Ouça, se você prega uma grande série de sermões temáticos sobre casamento, finanças ou sexo, sua plantação de igreja pode crescer. Se você é um marqueteiro espertalhão e coloca outdoors atraentes espalhados pela cidade, sua igreja pode crescer rapidamente. Você pode usar camisetas das últimas tendências, tingir de loiro as pontas do cabelo e usar um microfone pendurado no ouvido.

Mas, se você prega a Palavra de Deus com fidelidade, poucas pessoas serão tentadas a pensar que você é grande. Se você se levanta no domingo de manhã e explica que Jesus, ao perdoar os pecados do paralítico, conforme Marcos 2, estava afirmando que era Deus e que a única maneira de perdoar os pecados era que Deus em carne tomasse sobre si mesmo a punição de nossos pecados na cruz, as pessoas terão uma de duas reações: elas louvarão a Deus ou pensarão que você é um completo idiota. Este é o fato. Deus planejou agir desta maneira. Você prega, e pessoas são salvas para a glória de Deus, ou a suposta "sabedoria" delas é confundida, e você parece um retardado, também para a glória de Deus.

Falta de confiança na Palavra de Deus
Um terceiro inimigo da prioridade da pregação é uma falta de confiança na Palavra de Deus. Pouco antes de eu deixar a Capitol Hill Baptist Church, pedi a Mark Dever algum conselho. Ele me disse: "Faça tudo que puder para pregar sermões excelentes. Tudo mais se encaixará em seu devido lugar". Lembro que pensei: isso parece teologicamente correto, mas será que *funciona* mesmo?

Apesar de minhas apreensões, segui este conselho, visto que a experiência me ensinou que Mark sabe geralmente o que está falando, e eu não tinha qualquer outra ideia. Como se comprovou, ele estava certo. Mais exatamente, Deus estava certo quando nos disse que daria vida por meio da pregação de sua Palavra (Is 55.11; Ez 37.1-10; Rm 4.17; 10.17; 2 Co 4.6; Hb 1.3; Tg 1.21; 1 Pe 1.23). Essa tem sido, com certeza, a nossa experiência na Guilford. Comecei naquele primeiro domingo pela manhã pregando em Marcos 1.1 ("Princípio do evangelho de Jesus Cristo, Filho de Deus") para uma dúzia e meia de pessoas que estavam espalhadas por todo o salão. Expliquei o que Marcos queria dizer ao usar a palavra "evangelho" e ao chamar Jesus de "Filho de Deus".

Recentemente, reli o manuscrito daquele sermão. Não era tão bom, mas era verdadeiro. Não houve um avivamento, mas as ovelhas foram alimentadas.

Nos primeiros seis meses, continuei a labutar no evangelho de Marcos, considerando o que ele ensina sobre a obra e a identidade de Jesus. Depois, passamos a 1 Coríntios, para que toda a igreja considerasse as instruções de Paulo, dadas à igreja, sobre unidade e amor. Isso parecia uma boa coisa a ser pregada no primeiro ano de um ministério.

Aconteceu, porém, que a escolha de 1 Coríntios terminou parecendo um erro de principiante. O começo de 1 Coríntios é uma grande pregação para uma nova igreja. Há muitas oportunidades de falar sobre a centralidade da cruz, a importância da unidade e a prioridade da igreja local. O que deixei de levar em conta foi que 1 Coríntios contém vários capítulos que são controversos e difíceis. Por isso, ouvir três sermões em sequência sobre a liberdade cristã foi difícil para algumas das 50 pessoas presentes nessa altura. Aqueles que tinham vindo de um contexto mais fundamentalista foram dispersos – ou deixaram a igreja – quando pensamos sobre todas as coisas que não são essenciais à fé cristã. Depois, passamos à longa discussão de Paulo sobre os dons espirituais, ocasião em que aqueles que eram de um contexto reformado se depararam com o fato de que não sou um cessacionista.

Sendo um erro de iniciante ou não, Deus usou sua Palavra. Aqueles primeiros sermões sobre a liberdade cristã, que, em retrospecto, eu poderia não ter escolhido pregar, tiveram grande efeito em moldar a cultura de nossa igreja. Embora a maioria das pessoas que veio inicialmente à nossa igreja fosse de uma linha conservadora (exceto o pastor), não queríamos ser uma igreja culturalmente conservadora. Aprendemos de 1 Coríntios como os cristãos têm liberdade em Cristo para fazer todos os tipos diferentes de escolhas sobre o que comem, bebem, ouvem e tatuam em si mesmos. Como resultado, à medida que a igreja crescia, pessoas culturalmente menos conservadoras começaram a vir, e houve genuíno amor e unidade.

Desde então, temos considerado Êxodo, Efésios, os Profetas Menores, Hebreus e, agora, Lucas.[3] A igreja cresceu tanto em número quanto em nosso entendimento do evangelho. E não crescemos por causa de programas, acomodações ou propagandas. Crescemos porque a única coisa que cristãos e não cristãos precisam é a Palavra de Deus. Ela é viva e poderosa; é o que as nossas igrejas precisam. Devemos pregá-la com a confiança de que Deus a usará de muitas maneiras que o glorificarão cada vez mais.

---

3 Em seu livro *Starting a New Church* (Começando Uma Nova Igreja), surpreendentemente não terrível (me preparo para o pior quando vejo Robert Schuller recomendando um livro em sua contracapa), Ralph Moore recomenda a pregação que segue por Filipenses, Atos, Romanos e 1 Coríntios, nos primeiros dois anos da nova igreja. Acho que isso é um ótimo plano, mas eu também recomendaria a pregação do Antigo Testamento.

Uma Coisa é Necessária

PREGUE E ENSINE COM EXCELÊNCIA

Então, amigo, se você é um plantador de igreja, dedique tempo e energia a pregar e a ensinar a Palavra de Deus, com excelência. Não estou dizendo que você deve escrever todo o sermão e pregá-lo mesmo que não haja ninguém para ouvi-lo. Não estou dizendo que você deve apresentar um excelente discurso de 45 minutos com três ou quatro pessoas em uma sala de estar. Evangelize usando a Palavra de Deus. Faça discípulos usando a Palavra de Deus. E, depois, quando você realiza um culto público, pregue a Palavra.

Limpando os Molhos

Logo depois que comecei o ministério na Guilford Baptist Church, caminhei através do estacionamento, certa tarde, para apanhar a correspondência. Era um dia quente. Por isso, peguei um caminho que me ofereceria mais sombra. No caminho, passei por um carro parado em nosso estacionamento que tinha um homem cochilando em seu interior. Conhecendo eu mesmo as alegrias de um cochilo dentro do carro, passei quieto e voltei por um caminho diferente para evitar perturbá-lo. No dia seguinte, percebi que ele estava de volta. E, no dia depois desse. De fato, ele aparecia com regularidade cada dia da semana, à hora do almoço. Colocava o seu carro à sombra e dormia por quase uma hora.

Visto que eu era um recém-fabricado plantador de igreja, estava naturalmente ansioso por fazer a coisa missional. Foi por isso que Deus me colocou em Sterling. Por essa razão, comecei a orar por oportunidades de conhecer aquele homem e, talvez, compartilhar Cristo com ele. Um dia, quando olhei pela janela, vi o dorminhoco entrar no terreno e sair de seu carro para tirar algo do porta-malas. Corri em um esforço evangelístico. Apresentei-me ao homem, mas a princípio não lhe disse que eu era o pastor da igreja. O seu nome era John; ele trabalhava em uma equipe de levantamento topográfico e gostava de tirar um cochilo em seu horário de almoço. Ele não era particularmente agradável. De fato, depois de quase cinco minutos de conversa, ficou evidente que era racista, passara recentemente um tempo na cadeia e, baseado no cheiro, era um grande fã de uísque barato.

Depois de mais alguns minutos de conversa, deixei John voltar ao seu carro para dormir. Antes de deixá-lo, eu lhe disse que era o pastor da igreja, que ele podia usar o estacionamento quando quisesse e que eu esperava ele viesse num domingo para participar de um dos cultos da igreja. Eu não esperava a sua resposta: "Oh! sim, eu sou membro de sua igreja. Fui batizado quando tinha oito anos de idade. Sim, tenho sido membro da Guilford por mais de trinta anos".

Então, ali estava um homem que, conforme ele disse, não estivera no interior do prédio de nossa igreja ou de qualquer outra por décadas. Não sabia que havia um novo pastor. Nem mesmo havia conhecido os poucos pastores anteriores. Ficara bastante claro que ele não tinha nenhum interesse em participar de nenhum culto em qualquer tempo futuro. Além disso, ele se considerava um membro de boa situação na Guilford. Dirigia dia após dia através da propriedade da igreja, pensando: "Esta é a minha igreja". Ele escolhera tirar um cochilo todos os dias no estacionamento da igreja porque tinha um senso de conexão com a Guilford.

Se esse tipo de conversa com John fora um acontecimento isolado, não precisaria pensar muito sobre ele. Mas comecei a me encontrar, cada vez mais, com pessoas ao redor da cidade que eram consideradas membros da Guilford, na mercearia, na minha vizinhança, no posto de gasolina, e assim por diante. Todos eles tinham histórias sobre serem batizados, ou sobre criarem seus filhos, ou terem um casamento na igreja. E todos pensavam em si mesmos como, de algum modo, parte da igreja. Mas nenhum deles se envolvera na vida da igreja por anos. E eu não tinha a menor ideia de que se eram cristãos ou não.

Eu tinha muitas perguntas. Estas pessoas me consideravam seu pastor? Hebreus 13.17 indica que eu prestarei contas a Jesus pelas pessoas da igreja que eu tenho pastoreado. Onde se incluem estas pessoas? Elas obtinham algum conforto do fato de que eram membros da Guilford? Tinham certeza de sua salvação porque nossa igreja tinha seus nomes em seu rol de membros? Eu precisava, de alguma maneira, ajudá-las a saberem que não eram membros da Guilford – não tinham qualquer tipo de relacionamento com a congregação.

Além das pessoas que não frequentavam a igreja por anos, eu tinha perguntas sobre a condição das pessoas que haviam saído recentemente. Dentre as dez ou doze pessoas que frequentavam regularmente a Guilford, quando chegamos, a metade delas pararam de frequentar depois de alguns meses, porque não gostavam de mim ou por causa das mudanças que eu trouxera. Ora, falando com clareza, o problema não é que elas haviam saído. Embora eu tivesse preocupação pessoal com elas, era improvável que se tornariam parte de qualquer mudança saudável nesta igreja local específica. Assentarem-se no templo durante os cultos, fitarem-me com raiva, enquanto eu pregava, saírem chorando no meio do culto ou escreverem cartas para toda a congregação sobre minha teologia aberrante ou pedindo misericórdia a Deus por terem votado favorável ao convite para eu ser o pastor da igreja – nada disso era proveitoso para ninguém. Tudo isso aconteceu realmente. Mas, embora se afastassem, nenhuma delas renunciou, de fato, à sua membresia. Na verdade, somente um casal (os escritores de cartas) disseram-me que estavam saindo da igreja.

Portanto, não havia clareza sobre qual era a situação de alguém como membro. Poderia aquele casal irado ajuntar um grupo de "membros" antigos para participar de uma assembleia de membros e votar a minha exclusão como pastor? É claro que alguma coisa precisava ser feita, não apenas por propósitos administrativos, mas também por causa da unidade e do testemunho da igreja.

SER MEMBRO DE IGREJA É IMPORTANTE

Você percebe: ser membro de igreja é realmente importante. Igrejas diferentes praticam a filiação de alguém como membro de maneiras diferentes. Não importando a forma como isso se realize, é essencial saber quem pertence e quem não pertence à igreja. Quem é responsável por quem? Isso talvez pareça exclusivismo, mas tem o propósito de ser esclarecedor. Se os cristãos devem ser diferentes do mundo, e se a igreja deve ser um grupo de cristãos comprometidos uns com os outros, para a glória de Deus, é essencial que saibamos quem "nós" somos. Os membros de uma igreja devem cuidar uns dos outros e orar uns pelos outros. Como podem fazer isso, se não sabem que são "os outros"? Os líderes de igreja devem cuidar da igreja. Como eles fazem isso, se não sabem quem é "a igreja"?

Para iniciar o processo de estabelecer um rol de membros apropriado, comecei a examinar os arquivos, caixas de papel no sótão e pilhas de coisas velhas ao redor do prédio, esperando achar uma lista de pessoas que eram "membros" da igreja. Tudo que achei foi um registro de batismos e transferências de membros desde os anos 1960 até ao final dos anos de 1980. Também perguntei a alguns dos membros mais antigos da igreja, mas eles não podiam lembrar se algum dia houvera uma lista formal de membros.

O primeiro desafio foi achar alguma maneira de remover os membros que não frequentavam mais a igreja, sem fazer que isso parecesse como se eu estivesse tomando o controle da igreja. É melhor não fazer nada do que agir muito rápido e fazer as pessoas suspeitarem erroneamente de seus motivos. Comecei o processo de "limpar o rol de membros" em uma assembleia regular. A assembleia constituiu-se de alguns dos membros antigos, com umas 25 pessoas que, por voto, haviam sido aceitas como membros nos últimos poucos meses. Propus que seria proveitoso criar uma lista de membros da igreja e que tínhamos um bom instrumento à nossa disposição para isso – o pacto da igreja. Esse pacto jamais fora usado na vida da congregação, mas constava nos livros e era bom.[1] O grupo decidiu que todos aqueles que desejavam permanecer como membros da igreja assinassem uma cópia do pacto da igreja e o devolvessem no escritório da igreja até à próxima assembleia, que foi agendada para dois meses depois.

Depois da assembleia, pedi a duas senhoras idosas que estavam na igreja por muito tempo que ajudassem a compilar uma lista de pessoas que poderiam se considerar membros da igreja, incluindo o grupo que saíra recentemente. Enviamos a cada uma dessas pessoas uma carta que explicava a decisão da congregação e delineava as responsabilidades de ser membro da igreja.

Dois meses se passaram, e nenhuma cópia do pacto da igreja foi devolvida por alguém que não frequentava com regularidade. Tomamos os pactos assinados que tínhamos e os usamos para criar a lista oficial de membros, que consistia de 36 nomes.

Agora, eu compreendo que criar uma lista de membros pode não parecer algo monumental ou importante. Afinal de contas, o objetivo final de plantar ou revitalizar a igreja não é meramente impor ordem administrativa onde reinava o caos.

---

1 Se você não é familiarizado com pactos de igreja, eles são basicamente declarações de uma página que apresentam os compromissos e responsabilidades de alguém em ser membro de igreja.

Limpando os Molhos

Mas fazer isso produz várias coisas importantes. Primeiramente, definimos em termos bíblicos o que significa ser membro da igreja. Agora, tínhamos de cada membro uma promessa clara de amar e cuidar uns dos outros na igreja. Podíamos agora esperar que os membros orassem uns pelos outros e tratassem uns aos outros com amor e cuidado. Podíamos agora considerar cada pessoa responsável para com o compromisso que haviam feito. Tínhamos algo sobre o que poderíamos edificar.

Em segundo, favorecemos o nosso testemunho perante a comunidade que nos cercava, bem como o nosso testemunho para com os membros que foram excluídos. Tenho receio do tipo de testemunho que todos os membros que não frequentavam a igreja revelavam diante de seus vizinhos e famílias, enquanto, o tempo todo, afirmavam fazer parte da igreja conhecida formalmente pelo nome de Guilford Fellowship. As pessoas que eu havia conhecido no estacionamento e na mercearia sabiam, agora, que não eram membros da igreja – pelo menos aqueles que me deram suas informações de contato. Conversei alegremente com algumas dessas pessoas e tentei evangelizá-las. Mas tornou-se claro para elas que a Guilford não podia confirmar publicamente o relacionamento delas com Cristo, por mantê-las em seu rol de membros. Permitir que sentissem algum tipo de segurança em seu relacionamento com Deus, porque se sentiam ligadas à Guilford, não era demonstração de amor por elas.

Em terceiro, a lista de membros deu legitimidade às decisões da congregação. Antes nos perguntávamos se algumas pessoas saberiam depois sobre uma decisão tomada numa assembleia e se oporiam a ela, agora sabíamos quem deveria e quem não deveria estar tomando decisões nessas assembleias. Com esse processo resolvido, estávamos prontos para começar a reformar alguns dos outros documentos importantes que moldaram a vida da igreja.

SEM UMA DECLARAÇÃO DE VISÃO, O POVO FLORESCE

Com a lista de membros estabelecida, o primeiro documento em que trabalhamos para mudar foi a declaração da missão da igreja. Como Aubrey Malphurs escreveu: "Creio que a principal razão por que 80% a 85% das igrejas na América estão em problema é porque elas não têm uma missão clara e convincente – não sabem para onde estão indo ou deveriam estar indo... Uma declaração de missão bem focalizada provê um alvo para o qual o arqueiro e todos outros atiram a flecha do ministério".[2] Bem, se isso é verdadeiro, a chave para a reviravolta em Guilford parecia ser uma declaração de missão bastante clara.

Por isso, tomamos a declaração de missão existente, que dizia:

> A Guilford Fellowship está comprometida com todas as funções de uma boa igreja, mas cremos

---

2 Aubrey Malphurs, *Developing a Dynamic Mission for Your Ministry* (Grand Rapids: Kregel, 1998), 14.

que nossa principal missão é *implantar nas pessoas de nossa sociedade um conhecimento aplicável das Escrituras*.

- "Implantar" – em outras palavras, queremos ver o povo de Deus envolvido na Palavra de Deus e a Palavra de Deus envolvida no povo de Deus.
- "Conhecimento aplicável" – nosso ensino enfatiza aplicação; aplicar as Escrituras à nossa vida no mundo contemporâneo.
- "As pessoas de nossa sociedade" – estamos começando com as pessoas de Sterling, estendendo-nos, depois, à área de Washington, à costa leste e ao resto do mundo.

E a mudamos para:

Isso mesmo, mudamos nossa declaração de missão para nada. Simplesmente nos livramos dela.

No entanto, compreendemos que não bastaria apenas resolver o assunto da declaração de missão da igreja. A congregação também tinha uma declaração de visão que precisava de atenção urgente. Afinal de contas, George Barna nos adverte: "Indivíduos e igrejas que se contentam em operar apenas com base em sua missão de vida, prosseguem frequentemente com muita dificuldade, porque sua perspectiva é muito ampla, muito mal definida. Aqueles que se focalizam em sua visão como motivo para avançar têm muito mais chance de sucesso, porque estabelecem prioridades mais realistas e tendem a ser mais centrados nas pessoas".[3] Portanto, com esse aviso ressoando em nossos ouvidos, tomamos a visão da igreja, que era:

> Edificar e Alcançar.
> - descansar no poder de Deus.
> - incentivar a capacitação dos crentes para a vida de piedade e serviço, por meio do ensino e da pregação da Palavra de Deus e da comunhão.
> - alcançar as comunidades vizinhas para ministrar às suas necessidades, pregando o evangelho de Jesus Cristo e discipulando aqueles que se tornam cristãos (Tg 2.14-18).

E mudamos para:

> Sim, também nos livramos de nossa declaração de visão, substituindo-a por nada. Agora, sei que quase todos os livros de minha estante que tratam de plantação de igreja dizem que você tem de começar com uma declaração de missão bem definida e uma clara declaração de visão. Não estou dizendo que há algo necessariamente errado em ter ambas as declarações. Mas elas parecem tão desnecessárias. Que bem faria a sua velha declaração de visão para um homem que dorme no estacionamento da igreja? Entendo a importância de expressarmos com clareza nossos alvos e

---
3 George Barna, *The Power of Vision* (Ventura, CA: Regal Books, 1993).

propósitos para que os alcancemos. Não sei com certeza por que precisamos de mantras e declarações formais para tornar isso realidade. De algum modo, a igreja sobreviveu por quase dois mil anos, antes que Malphurs e Barna nos dissessem que devemos ter essas declarações.

    Eis o que estou querendo dizer. O que diríamos se o New York Yankees, time de beisebol, escrevesse uma declaração de missão? A declaração seria mais ou menos assim: nossa missão é vencer Campeonato Mundial a cada ano. E se escrevesse uma declaração de visão? Seria mais ou menos assim: nossa visão é ver uma bandeira de campeão levantada no Bronx, em todo mês de abril. E se escrevessem uma declaração de estratégia? Talvez seria assim: queremos fazer mais pontos do que qualquer outro time em partidas suficientes para nos levar às finais e, por fim, vencermos o Campeonato Mundial.

    Estúpido? Olhe, se você não sabe o que deveria fazer como plantador de igreja, se você precisa escrever uma declaração para lembrar que sua igreja deve evangelizar o perdido e promover o crescimento dos cristãos, amigo, você não deveria ser um plantador de igreja. Que tal lançar a visão da maneira como os protestantes a tem lançado nos últimos quinhentos anos? Ensine a Palavra de Deus! Explique-a para o povo de Deus e lhes diga qual é a missão, a visão, os valores e o propósito de Deus para a vida deles. Não os leve de volta a algum mantra sobre o qual você tem certeza de que todos na congregação já memorizaram. Ensine-lhes o que a Bíblia diz sobre o que significa ser um cristão fiel e uma igreja fiel.

CLAREZA EM UM MUNDO QUE TEM MUITOS EVANGELHOS

Continuamos nossas revisões dos documentos da igreja tratando da declaração de fé da igreja.

Poucos anos antes de eu chegar, os membros da igreja haviam se esforçado para redigir uma declaração de fé. E, bem, deixe-me apenas dizer-lhe que você nunca deve escrever sua própria declaração de fé. Quando os teólogos de Westminster resolveram escrever uma declaração de fé, eles pegaram 120 supergênios e os trancaram em uma sala por três anos. A menos que você tenha esse tipo de poder teológico, você não deve querer navegar nestas águas. Falando com seriedade, se você colocar um apóstrofo no lugar errado, terá cometido sete heresias capitais. Prenda-se a algo que tem resistido ao teste do tempo e comprovado ser ortodoxo.

No entanto, verdade seja dita, a declaração de fé que a igreja antes conhecida como Guilford Fellowship escrevera não era realmente tão má. Eles haviam imitado e transcrito a *Mensagem e Fé Batista* (a declaração de fé da Convenção Batista do Sul) e a declaração doutrinária de um seminário local. Por isso, a redação é bastante clara. O problema é que associações e seminários se beneficiam de um nível de concordância doutrinária do qual as igrejas não precisam. Por isso, a declaração da Guilford, escrita pela própria igreja, continha afirmações específicas sobre o retorno pré-milenar de Cristo, o fato de que os seis dias da Criação foram dias literais de 24 horas e a universalidade do Dilúvio nos dias de Noé. Não estou dizendo que discordo dessas ideias. Apenas não creio que os cristãos precisam concordar nessas ideias para coexistirem de maneira pacífica como igreja. Membros de igreja devem concordar em que a Bíblia é verdadeira, mas não têm de concordar o que ela significa em todos os detalhes. Uma igreja pode ter em sua congregação membros que sejam pré-milenistas, pós-milenistas e amilenistas. Pode ter membros que leem Gênesis e entendem que ele ensina uma criação em seis dias literais e membros que preferem a abordagem de dia-era na narrativa da criação. Nenhuma dessas questões são centrais à vida da igreja ou do evangelho. Também não são necessárias para a tomada de decisões.

Precisamos realmente concordar nas questões fundamentais como o evangelho, a inerrância das Escrituras, a natureza da igreja e a justificação somente pela fé. Você e eu não podemos ser membros da mesma igreja, se sustentamos um evangelho diferente, se você não pensa que a Bíblia é verdadeira e plena de autoridade ou se pensa que precisamos merecer a salvação por obras. Igrejas também precisam concordar em questões básicas como, por exemplo, o batismo, para que não tenhamos de argumentar repetidas vezes para determinados pais se eles precisam ou não trazer seu recém-nascido para ser batizado – devemos batizá-lo ou não?

Por isso, escolhi a Confissão de Fé de New Hampshire (1833), uma confissão de fé batista que tem resistido ao teste do tempo e tem sido usada eficientemente por muitas igrejas. Anunciei à congregação que consideraríamos uma nova declaração de fé e comecei a ensinar a confissão na classe de adultos na Escola Dominical, palavra por palavra, frase por frase. Depois de cerca de seis meses e de várias reuniões públicas para discutirmos e fazermos perguntas sobre o conteúdo da confissão, a igreja votou unanimemente a favor da adoção da confissão como a declaração de fé oficial.

De novo, entendi que a maioria dos plantadores de igreja não se tornam plantadores porque têm um desejo ardente de ensinar o conteúdo de velhos documentos confessionais. Ter uma declaração de fé redigida com clareza é importante, quer você esteja começando uma igreja do zero, quer esteja revitalizando uma igreja existente. Por quê? Permita-me apresentar cinco razões:

1) Os autores do Novo Testamento eram tanto *claros* como *inflexíveis* nas questões de doutrina. Devemos fazer tudo que podemos para articular e afirmar doutrina, para que não nos desviemos dela. Paulo nos aconselha a cuidar com diligência de nossa doutrina e vida (1 Tm 4.16).

2) Ter uma afirmação clara no começo favorece a unidade na igreja. Queremos que nossa unidade se baseie em um entendimento comum da verdade (cf. Jo 17.15-21). Se você facilita o tornar-se membro para qualquer pessoa que aparece quando você está começando a plantar a igreja, precisará de boa sorte para conseguir concordância doutrinária depois que a igreja tiver crescido. Pelo contrário, devemos deixar claro, de

antemão, o que a igreja crê e o que esperamos que todos os membros também creiam.

3) Ter um declaração bem definida no começo promove clareza quanto ao evangelho. Em um mundo que tem milhões de ideias falsas sobre Jesus e milhões de versões do evangelho, as igrejas precisam ser claras a respeito de sua própria fonte de vida.

4) Ter essa declaração no começo nos ajuda a proteger a nova igreja dos muitos lobos insensatos, heterodoxos e divisores que considerarão sua igreja jovem e imatura como uma oportunidade para formarem a igreja de seus sonhos. Por isso, quando aquele homem mais reformado do que Calvino se oferecer para "mentorear" você ou quando aquele homem mais carismático do que o Espírito Santo lhe diz que Deus lhe falou que o "encorajasse", você pode citar a declaração de fé e repelir as tentativas deles no sentido de refazer sua igreja à imagem deles. Neste sentido, a declaração de fé funciona muito bem como um bordão de pastor para ferir os lobos.

5) Ter uma declaração doutrinária permite que cristãos escrupulosos prefiram sair logo, quando compreendem que não estão em harmonia doutrinária com a igreja. Por que mudamos o nome da igreja, de Guilford Fellowship para o anterior Guilford Baptist Church? Bem, você sabe, somos realmente uma igreja batista. As pessoas acabariam descobrindo o nosso pequeno segredo, ainda que déssemos à igreja um nome tolo e vagamente espiritual. Concluímos que poderíamos ser francos quanto ao nome.

ESTATUTOS E REGIMENTOS... SOU SÉRIO

Os últimos documentos da igreja que eu queria considerar eram os estatutos e os regimentos. Os estatutos e os regimentos de uma igreja são os documentos de governo da igreja que definem a estrutura de liderança da igreja e o modo como a congregação fará certas decisões.

Agora, considere, eu serei o primeiro a dizer que não me importo, de modo algum, com muitas das questões tratadas nos regimentos. Não me importo com a exigência de que tenhamos uma maioria simples (metade mais um) ou algum tipo de supermaioria (dois terços ou três quartos) para aprovar uma emenda ao orçamento da igreja. Não me importo com a exigência de duas ou três semanas para convocar uma assembleia especial de membros. Alegro-me com o fato de que há pessoas que se importam com essas coisas (em minha experiência, a maioria são advogados), mas eu não me importo.

Aquilo com o que realmente me importo é a natureza e a estrutura da liderança da igreja. E se você não se importa com isso, deveria se importar. A maneira como você estrutura sua liderança causa impacto imediato no discipulado e no vigor espiritual dos santos. De fato, eu poderia dizer que péssimas estruturas de liderança desempenharam um papel significativo no declínio da saúde espiritual da Guilford Fellowship nas várias décadas anteriores.

Ficou claro que a Guilford precisava fazer mudanças profundas em em seus estatutos. A estrutura de liderança da igreja que herdei era uma bagunça. Como muitas igrejas batistas, a congregação era guiada por uma junta diaconal, que os estatutos antigos chamavam de "o braço de pastoreio da igreja". Isso era problemático por duas razões. Primeira, as Escrituras atribuem os deveres pastorais aos presbíteros, e não aos diáconos. Segunda, levou a igreja à autocontradição e à confusão. Por um lado, a congregação concluíra, anos antes, que a Bíblia ensinava que as mulheres poderiam servir à congregação na função de diácono, uma conclusão com a qual eu concordei. E também, eles concluíram, um ano antes de eu chegar, que mulheres não devem ser pastores ou líderes na igreja, uma conclusão com a qual também concordei. O problema, é claro, era que os estatutos não chamavam os diáconos a servirem como diáconos, mas como "o braço de pastoreio da igreja". Então, as mulheres tinham permissão de ser diáconos, mas não podiam pastorear, o que os estatutos diziam que os diáconos deviam fazer.

Como resultado da confusão, não havia diáconos servindo na igreja quando eu cheguei. O mandato dos três diáconos anteriores havia acabado, e a igreja não fora capaz de escolher novos líderes. Preciso explicar-lhe por que isso não é bom para a saúde de uma igreja?

Além disso, a igreja havia seguido a antiga tradição batista de estabelecer comissões nos estatutos. Comissões, afinal de contas, eram o ponto crucial da teoria de administração de igreja no início do século XX, quando a Guilford estava sendo formada. Por volta de 2004, a Guilford Fellowship tinha seis comissões (evangelismo, educação, ministério de jovens, administração, comunhão e adoração), cada uma das quais exigia um número específico de funções (presidente, vice-presidente, secretário, etc.), bem como um conselho da igreja que tinha sete ministros leigos (a função do conselho da igreja era "liderar o corpo da igreja em direção a seus alvos". Hum! Você poderia ser mais específico?). Entre as várias comissões e o conselho da igreja, dezenas de funções precisavam ser preenchidas. O problema, é claro, era que somente uma dúzia de pessoas frequentavam a igreja quando eu cheguei. O que isto significava na prática? Significava que eles haviam deixado de seguir seus estatutos e regimentos.

PROCURADOS: PRESBÍTEROS COLEGAS

Em lugar de tudo isso, eu queria ter presbíteros que funcionariam como presbíteros por pastorearem e ensinarem a congregação. E queria diáconos que funcionariam como diáconos por servirem à congregação e garantirem que as necessidades eram satisfeitas.[4] Informei os meus desejos aos membros mais velhos da Guilford, antes que eles me chamassem como seu pastor, e todos que tinham alguma opinião sobre o assunto concordaram em que isto era uma boa ideia.

No entanto, não lidei com o assunto durante todo o primeiro ano, porque eu queria ter certeza de que ensinaria sobre

---

4 Quanto a mais informações sobre como presbíteros e diáconos devem funcionar na vida de uma igreja, dê uma olhada em *Nove Marcas de Uma Igreja Saudável* (São José dos Campos, SP: Fiel, 2007), escrito por Mark Dever, especialmente a Marca 9.

Limpando os Molhos

o tema de presbíteros antes de fazer qualquer proposta formal. No curso normal de minha pregação bíblica expositiva, enfatizei as passagens das Escrituras que falavam de igrejas que tinham presbíteros. Numa aula de Escola Dominical, ensinei à classe o que a Bíblia diz sobre liderança.

Depois de estabelecido o rol de membros, fixada a declaração de fé e assentada a poeira destas mudanças, a Guilford formou uma comissão para reescrever os estatutos e os regimentos tendo em vista restabelecer os ofícios bíblicos e modernizar os processos e procedimentos da igreja. Essa comissão decidiu – sabiamente – que a Capitol Hill Baptist Church já tinha inventado esta roda; por isso, tomamos os estatutos deles, fizemos algumas mudanças e os apresentamos à congregação. Depois de alguns meses de conversas, a congregação, que agora contava com 75 pessoas, aprovou adotar os novos estatutos. Alguns meses depois, indiquei dois homens para servirem como presbíteros. Dois meses depois da indicação, a congregação confirmou estes dois homens, e a Guilford Baptist tinha agora uma pluralidade de presbíteros. Nos dois anos e meio desde esse tempo, acrescentamos mais dois homens, perfazendo um total de cinco presbíteros (incluindo a mim mesmo).

Toda esta conversa sobre estatutos e regimentos parece fora de lugar em um livro a respeito de plantar e revitalizar igreja. Por que tornar prioritário o estabelecimento de uma pluralidade de presbíteros, especialmente quando a igreja é pequena e há tantos interesses que nos pressionam?

Bem, não há razão por que estabelecermos que uma pluralidade de presbíteros signifique necessariamente negligenciar outras partes importantes da missão cristã. Isso não é algo que consome todo o tempo. E, sendo franco, não estou dizendo que estabelecer uma pluralidade de presbíteros é imprescindível e algo pelo que você deve exaurir sua igreja. É melhor esperar dez anos do que fazer isso muito rapidamente e prejudicar a igreja. Como o pastor Phil Newton disse apropriadamente: "O alvo de uma igreja não deve ser o estabelecer, a todo custo, a pluralidade de presbíteros, e sim o elevar os padrões de liderança espiritual na igreja, sem medir esforços".[5]

No entanto, penso realmente que muitos pastores e plantadores de igreja subestimam a importância e o benefício de ter uma pluralidade de presbíteros. O Novo Testamento sempre fala de presbíteros no plural, e a presença deles numa congregação era tão importante para Paulo, que ele deixou Tito em Creta para instituir presbíteros (plural) em cada cidade (Tt 1.5). Paulo advertiu os presbíteros da igreja em Éfeso a protegerem e ensinarem a congregação (At 20.17-38). E Pedro advertiu aos presbíteros, seus colegas, a pastorearem bem o rebanho, por exercerem o pastorado com amabilidade (1 Pe 5.1-3).

Uma igreja que deseja crescer e tornar-se forte deve também querer homens dotados que exercerão este tipo de cuidado pastoral em favor deles. Estabelecer uma pluralidade de presbíteros não significa negligenciar outras partes impor-

---
5 Phil Newton, *Pastoreando a Igreja de Deus*, São José dos Campos, SP: Fiel, 2007, 62.

tantes da missão cristã. Significa levantar mais homens para liderar na própria obra da missão cristã.

De fato, se eu tivesse de plantar ou revitalizar outra igreja, eu seria muito relutante de fazer isso, a menos que eu tivesse um ou dois outros presbíteros que fossem comigo. Entendo que levar alguém com você pode ser traiçoeiro, especialmente se você estiver mudando para uma pequena igreja que precisa de reforma. Todavia, uma coisa que Karen e eu achamos especialmente difícil, no primeiro ou segundo ano na Guilford, foi o senso de estarmos sozinhos no ministério. Certamente, à medida que o tempo passava, havia pessoas boas na igreja; e trouxemos conosco um grupo de pessoas da Capitol Hill Baptist Church que serviu fielmente. Mas ninguém era um líder reconhecível. Ninguém mais foi reconhecido pela congregação como alguém chamado por Deus para levar os fardos da liderança. Não havia outros que podíamos colocar na liderança sem sentirmos que estávamos lhes causando inconveniência. Precisávamos desesperadamente de alguém que se referiria à liderança da igreja em termos de "nós" e não de "você". Este senso de solidão levou-nos, Karen e eu, à beira do esgotamento.

No entanto, quando instituímos os presbíteros, a dinâmica começou a mudar. Repentinamente, eu tinha um grupo reconhecido de homens (homens mais velhos, homens mais sábios) com quem podia deliberar sobre os negócios da igreja. O fardo de tomar decisões, planejar estratégias e pastorear o rebanho estava agora estendido sobre três pares de ombros.

Conclusão

Como falei, gastamos quase um ano e meio colocando em ordem os documentos administrativos da igreja. Isso não é algo estimulante, eu sei. Mas as coisas mais importantes da vida não são estimulantes (alguns exemplos oriundos de minha mente: cinto de segurança, antibióticos e alicerces). Por estabelecermos uma lista definida de membros da igreja, por adotarmos uma declaração de fé concisa e consistente e por estabelecermos a liderança bíblica, lançamos as bases para a igreja cumprir sua missão de maneiras saudáveis.

Se você está plantando uma igreja do zero, seu caminho talvez possa ser diferente. Talvez comece com uma declaração de fé (de novo, não edifique em cima de concordância implícita!) e somente depois se moverá para constituir a igreja, estabelecer os membros e indicar os oficiais. Mas compreenda que você tem uma grande oportunidade de fazer melhor sua igreja. Tem de começar com um entendimento claro do que a Palavra de Deus afirma sobre as estruturas da igreja. Você tem o quadro em sua mente? Agora, comece a trabalhar em direção a esse alvo. Use o tempo para ensinar bem o seu povo, explicar a importância de comprometerem-se uns com os outros e a importância de boa liderança de igreja.

DEUS SEMPRE FAZ A SUA VONTADE

Em 2004, quando os membros da igreja antes conhecida como Guilford Fellowship ainda procuravam um pastor, eles recorreram à associação batista local em busca de ajuda. A associação enviou um consultor que se reuniu com a igreja, conheceu a sua história e conversou com a congregação sobre as suas esperanças.

Depois de tomar tempo para avaliar as perspectivas futuras da Guilford, o consultor, que era também um pastor e plantador de igrejas na área, se reuniu com a congregação pela segunda vez e apresentou suas conclusões. Ele disse que a igreja tinha duas boas opções. Poderiam fechar totalmente a igreja e permitir que um projeto de plantação de igreja de fala espanhola ficasse com o prédio. Ou poderiam recomeçar a igreja. Esta segunda opção significaria fechar as portas por seis meses e, depois, reabri-las com um novo nome e nenhum dos membros existentes na liderança. Em outras palavras, deixar que a associação batista local plantasse uma nova igreja no prédio deles, e a equipe de plantação permitiria que frequentassem os seus cultos. À luz das circunstâncias da Guilford, creio que ambas as sugestões eram razoáveis. Mas a ideia de dar o prédio para uma igreja de fala espanhola era uma ideia especialmente boa. Embora as estatísticas oficiais indiquem que cerca de 15% dos moradores de Sterling falam espanhol em seus lares, o número é muito maior na vizinhança antiga em que minha igreja está localizada, em Sterling. Não somente isso, estatísticas oficiais do governo talvez subestimem o número de pessoas que falam espanhol. Imigrantes ilegais fazem questão de não aparecer em tais relatórios. Se você quer conhecer a verdadeira demografia de uma área, os professores e os administradores de escolas públicas locais são a mina de ouro. Eles moram na vizinhança, se importam com a comunidade e conhecem realmente as pessoas, não somente os dados do censo. De acordo com a escola pública primária que está na mesma rua do prédio de nossa igreja, 61% das crianças na escola falam espanhol em casa. Muitas dessas crianças não falam inglês de modo nenhum.

Como aquele consultor supôs corretamente, a área precisava de mais igrejas de fala espanhola. Na verdade, havia igrejas que realizavam cultos em espanhol, mas a maioria delas eram igrejas católicas romanas ou pentecostais que haviam abandonado o evangelho. Poucas igrejas evangélicas que falavam o inglês tinham começado ministérios paralelos para pessoas de fala espanhola. Grupos batistas locais haviam começado alguns estudos bíblicos evangelísticos. Contudo, não havia realmente muitas igrejas que pregavam o evangelho em espanhol.

Por alguma razão, a Guilford Fellowship decidiu não se dissolver e não passar o prédio para um ministério de fala espanhola. Isso lhes deixou duas opções: fechar totalmente ou chamar-me como pastor. Aparentemente, eles escolheram o menor dos dois males e me chamaram.

Dito isso, a lógica de um ministério em espanhol se tornou clara para mim, logo que assumi a igreja. Estávamos em grande posição para alcançar muitos dos imigrantes ilegais pobres e não evangelizados em nossa área. Havia apenas um problema: ninguém da nossa equipe de plantação de igreja era capaz de falar espanhol além do menu no Taco Bell.

Portanto, comecei a orar. Sinceramente, não tinha muita confiança de que alguma coisa aconteceria. Isso parecia mais uma atribuição de culpa preventiva. Além disso, eu lembrava ao Senhor que ficaria feliz em ajudar a evangelizar a população de fala espanhola de Sterling, mas isso exigiria primeiramente algo extraordinário da parte dele.

E, como Deus gosta de fazer, ele fez algo extraordinário. Alguns meses depois que comecei a trabalhar em Guilford, um casal da Capitol Hill Baptist Church que morava na rua do prédio de nossa igreja decidiu unir-se a nós na Guilford Baptist Church. A melhor parte foi que ambos eram nativos de países de idioma espanhol. O marido, Heriberto, é da Venezuela; a mulher, Neissy, da Guatemala. Eles são bons amigos agora e servem fielmente na igreja, mas na época eu não os conhecia muito bem. Uma noite, estávamos jantando na casa deles, e disse a Heriberto que eu observara que havia na vizinhança muitas pessoas que falavam espanhol. Ressaltei que ninguém de nossa igreja falava espanhol, exceto ele mesmo e Neissy. E perguntei-lhe se gostaria de orar a respeito de como Deus poderia usá-los para ajudar nossa igreja a alcançar o povo de fala espanhola. No final do encontro, eles concordaram em orar sobre o assunto.

Eu não sabia realmente o que Deus faria. Acontece que Heriberto é um professor e evangelista dotado, o que era desconhecido para mim e, conforme penso, para ele mesmo. Dentro de algumas semanas, ele começou um estudo bíblico evangelístico para seus vizinhos e alguns dos homens que trabalhavam para a companhia que o contratara. O grupo logo aumentou para 12 pessoas, e depois para 15, e começou a se reunir no prédio da igreja nos sábados à noite. Heriberto usou esse tempo para ensinar a Bíblia, livro por livro. Depois de seis meses, várias pessoas tinham vindo a Cristo. Os membros da Guilford Batist Church ficaram animados. Começamos a orar e a ajudar Heriberto de qualquer maneira que podíamos, como, por exemplo, ensinar inglês como um segundo idioma.

ALGUMA COISA TINHA DE SER FEITA

À medida que o tempo passava, tornava-se claro que teríamos de fazer alguma coisa por estes novos crentes de língua espanhola. Não queríamos apenas que eles viessem a

Cristo e, depois, flutuassem no espaço. O estudo bíblico de sábado à noite era excelente, mas não era uma igreja. Não havia presbíteros, nenhum membro, nenhuma disciplina, nenhum batismo, nem Ceia do Senhor. Estudos bíblicos são extraordinários, mas não são igrejas.

Todo cristão deve ser parte de uma congregação local. Como Steve Timmis e Tim Chester escreveram: "Ser um cristão é, por definição, ser parte da comunidade do povo de Deus. Estar unido com Cristo significa fazer parte de seu corpo. A inferência do Novo Testamento é que isto sempre acha expressão no compromisso com uma igreja local".[1] Ser um cristão significa ser salvo *de* alguma coisa (pecado, ira de Deus, morte, separação, inimizade para com Deus e com o próximo) e ser salvo *para* alguma coisa (adoração, santidade, novidade de vida por toda a eternidade, comunidade, reconciliação com Deus e com o próximo). Não é plano de Deus apenas salvar um grupo isolado de indivíduos; ele está salvando um povo para si mesmo. "Vós... antes, não éreis povo, mas, agora, sois povo de Deus" (1 Pe 2.10).

Nós, os santos, somos um povo! E Deus tenciona que cada membro de seu povo celestial seja parte de uma igreja local na terra – como embaixadas ou postos avançados desse povo celestial. A Guilford Baptist Church queria, portanto, que esses irmãos e irmãs de fala espanhola conhecessem todas as bênçãos de pertencerem a uma dessas embaixadas ou postos avançados do povo de Deus.

---

[1] Steve Timmis e Tim Chester, *Total Church* (Nottingham, UK: Inter-Varsity Press, 2007), 85.

Depois de examinar nossas opções, tornou-se claro que o melhor plano de ação para nós era começar uma nova igreja de fala espanhola. Sugerimos a ideia de Heriberto reduzir sua carga de trabalho na companhia, a fim de focalizar suas energias em plantar a igreja. Mas não parecia que essa era a chamada de Deus para a vida de Heriberto. Seu negócio era uma bênção para muitas pessoas que precisavam de trabalho; era também uma fonte inesgotável de contatos evangelísticos. Removê-lo desse trabalho parecia contraproducente.

Portanto, estávamos de novo numa encruzilhada. Deus havia respondido as nossas súplicas e nos ajudado a alcançar os de fala espanhola. Mas precisávamos que ele fizesse mais alguma coisa extraordinária para começarmos uma igreja própria para aquelas pessoas. Eu não tinha a menor ideia do que Deus iria fazer.

Um dia, quando eu menos esperava, um amigo da Capitol Hill Baptist Church telefonou para mim. Ele soubera de nosso grupo de língua espanhola e me telefonara para dizer que um casal chamado Fredy e Marta Hernandez estava se mudando para os Estados Unidos e ansiava por saber para que obra Deus os poderia estar chamando. Eu não conhecia Fredy e Marta, mas ouvira falar sobre eles. Fredy era o pastor experiente de uma igreja em El Salvador que tirara uma licença de seis meses para vir aos Estados Unidos e fazer um estágio na Capitol Hill Baptist Church. Agora, na misteriosa disposição do tempo de Deus, os papéis de imigração deles foram aprovados, e estavam mudando permanentemente para a América.

Eu peguei o telefone e falei com Fredy, o que não foi algo fácil, pois nem eu nem ele falávamos bem a língua nativa do outro. Mas, de algum modo, conseguimos conversar e combinamos que conversaríamos mais quando ele chegasse a Washington DC. Karen e eu conhecemos Fredy e Marta, e lhes explicamos a situação, a necessidade e as grandes oportunidades para o evangelho. Também lhes explicamos que não tínhamos quase nenhum dinheiro para sustentá-los, mas tínhamos uma família que estava oferecendo o porão de sua casa para que eles morassem sem pagar aluguel. Ouça os termos de um grande negócio: "Fredy, não temos nada aqui para você – nada para lhe pagar, nenhuma igreja para você pastorear. Mas há não cristãos de língua espanhola por todos os lados, e permitiremos que você more em um porão".

Embora pudessem ter facilmente assumido um trabalho numa igreja de fala espanhola no Texas ou na Califórnia, eles decidiram vir para a Guilford. Fizemos um grande jantar de boas-vindas na igreja, e Fredy começou a servir como plantador de igreja na primavera de 2006. Ele começou a trabalhar com o grupo de Heriberto, e o Senhor começou a fazer coisas maravilhosas.

Por favor, Jesus, não quero ser Jim Elliot

No primeiro dia que Fredy esteve "no trabalho", ele, Marta e eu nos sentamos no escritório da igreja para orar. Não sabíamos o que devíamos fazer. Por isso, pedimos a

Deus que fizesse algo maravilhoso. Lembro-me de pedir especificamente a Deus que agisse de maneira tão admirável que não poderíamos deixar de ver sua mão em atividade. Em pouco menos de cinco minutos, um homem entrou na igreja. Ora, como já disse em um capítulo anterior, a igreja não está em um lugar que tem muito trânsito de pedestres. Ninguém nunca entra no prédio de nossa igreja. Mas, neste dia específico, um homem entrou, procurando algo. Eu o saudei e lhe ofereci ajuda, mas logo ficou evidente que ele não falava inglês. Se tivesse aparecido no dia anterior, eu não teria sido capaz de ajudá-lo. Mas corri e pedi a Fredy que viesse e falasse com ele.

Aconteceu que alguém havia dito a esse homem, chamado Salvador, que em nossa rua havia um lugar em que ele poderia alugar uma sala para o chá de bebê de sua namorada. Ele não encontrara tal lugar, talvez porque não existe. Por isso, ele caminhou até à igreja para pedir orientações. Fredy conversou com ele e explicou-lhe que fora mal informado, mas lhe oferecia usar o prédio de nossa igreja sem pagar nada.

Salvador era um ex-membro da Mara Salvatrucha (também conhecida como aka MS-13), uma gangue de rua extremamente violenta, que vende drogas e mata pessoas desde Los Angeles até Washington DC. Pelo que entendo, não existem muitos ex-membros da gangue, pois os que a deixam fazem isso por irem para a cadeia ou para o cemitério. Mas ali estava ele, querendo realizar um chá de bebê, grato pela oportunidade de usar o prédio de nossa igreja.

Deus Sempre faz a sua Vontade

Dois meses depois, 75 pessoas de fala espanhola apareceram para o chá de bebê no piso inferior de nossa igreja. Eu fui à igreja enquanto a festa acontecia e estacionei meu carro entre os carros e pick-ups deles. Os homens, usando bandanas e tatuagens da gangue, estavam fora, bebendo, porque havíamos pedido que não trouxessem bebida alcoólica para dentro do prédio. Enquanto caminhava, eu os saudei com a mão e disse "olá!", tentando não parecer intimidado e orando intensamente para que Deus os salvasse de uma maneira que não envolvesse eu morrer como Jim Elliot. Ao entrar no prédio da igreja, esbarrei em Fredy. Ele estava segurando uma Bíblia e parara na porta da igreja para fortalecer sua coragem.

Bem, Fredy saiu e pregou o evangelho para aqueles membros da gangue. Não sei se algum deles se tornou cristão, mas, com o passar dos anos, Fredy e Marta têm servido repetidas vezes a Salvador, sua família e seus amigos. Quem sabe o que o Senhor já fez e fará com os labores deles? Poderíamos contar muitas histórias semelhantes da maneira extraordinária pela qual Deus colocou pessoas em contato com o evangelho por meio de sua igreja.

Ora, falando com sinceridade, exceto por um ato imprevisível de Deus, a nova igreja de fala espanhola (agora chamada Iglesia Bautista Guilford Mision Hispana) nunca será muito grande e autossustentável. Eles estão alcançando uma comunidade pobre e altamente transitória. Uma batida do serviço de imigração no aeroporto Dulles deportou quase 25% da igreja. Não sou um perito em crescimento de igreja, mas tenho certeza de que é difícil formar uma grande igreja entre pessoas que estão estatisticamente sujeitas a serem deportadas pelo Serviço de Imigração e Naturalização. No entanto, por meio desta pequena igreja o evangelho tem sido proclamado não somente a alguns trabalhadores dedicados, honestos e que falam espanhol, da classe média, mas também a alcoólatras, prisioneiros e prostitutas.

FRUTOS MAIS ACESSÍVEIS

A Bíblia ensina que o evangelho achará recepção mais calorosa entre os pobres e necessitados, os rejeitados e os oprimidos. As riquezas do mundo nos tentam poderosamente a confiar nelas para nosso bem-estar. Por isso, Jesus disse que é mais fácil um camelo passar pelo fundo de uma agulha do que um rico entrar no reino de Deus (Lc 18.25). Não é impossível ser materialmente rico e pobre em espírito, mas aqueles que são materialmente necessitados tem uma vantagem sobre aqueles de nós que temos meios de aliviar a nós mesmos do sofrimento e da necessidade.

Esta dinâmica era verdadeira na igreja apostólica. Em 1 Coríntios 1.26-29, Paulo escreveu:

> Irmãos, reparai, pois, na vossa vocação; visto que não foram chamados muitos sábios segundo a carne, nem muitos poderosos, nem muitos de nobre nascimento; pelo contrário, Deus escolheu

as coisas loucas do mundo para envergonhar os sábios e escolheu as coisas fracas do mundo para envergonhar as fortes; e Deus escolheu as coisas humildes do mundo, e as desprezadas, e aquelas que não são, para reduzir a nada as que são; a fim de que ninguém se vanglorie na presença de Deus.

A igreja em Corinto era constituída de pessoas fracas e tolas. Deus não faz acepção de pessoas e se deleita em salvar os fracos e pobres.

Essa dinâmica também tem sido verdadeira na vida e no ministério da Guilford Baptist Church. Enquanto escrevo este livro, tenho estado na Guilford por quase quatro anos. Neste tempo, temos compartilhado o evangelho com muitas pessoas que falam inglês, a maioria é da classe média ou rica. Temos apresentado o evangelho com clareza e criatividade e temos sido fiéis em orar por conversões. Mas, em sua sabedoria, Deus nos abençoou apenas com alguns novos crentes. A igreja de língua espanhola tem menos recursos materiais e menos pessoas, mas eles têm visto dez vezes mais o seu número de pessoas virem a Cristo. Sendo sincero, acho que o testemunho fiel de ambas as igrejas está agradando a Deus (embora, como é óbvio, nenhuma delas seja perfeita). Mas o evangelho tem-se enraizado, de maneira admirável, entre os imigrantes ilegais e os pobres.

Quando nos mudamos para Sterling, Karen e eu alugamos uma casa no outro lado da cidade. Era numa vizinhança de classe média alta, onde todos tinham um bom trabalho, falavam bem o inglês e tinham diploma de faculdade. Mas ninguém queria conhecer os outros na vizinhança. As pessoas chegavam de seu trabalho em seus sedãs, abriam a garagem com controle remoto, entravam na garagem e fechavam a porta atrás delas, tudo sem dar um "oi!" para ninguém. Um dia, logo depois que mudamos, Karen saiu de casa em casa para se apresentar e convidar pessoas para jantar. Todos eles inquietaram-se nervosamente em sua porta de entrada, como se Karen fosse um assassino serial sondando a casa deles.

Depois de um ano em Guilford, mudamos nossa família para mais perto da igreja. Achamos uma vizinhança mais antiga com alta porcentagem de pessoas de fala espanhola e compramos uma casa muito feia. (Passei o último fim de semana removendo o revestimento de madeira e o reboco de um lado da casa para retirar o mofo.) Não era tão boa quanto a casa em que morávamos antes, mas tinha um apartamento anexado a ela, em que Fredy e Marta podiam morar e ministrar aos de fala espanhola. Moramos nela há quase três anos e temos experimentado muito mais oportunidades de evangelizar e ministrar à nossa vizinhança.

Então, se você está planejando plantar uma igreja, considere a ideia de alcançar os frutos mais acessíveis, como disse um de meus professores de seminário. Pense em maneiras pelas quais sua igreja pode alcançar aqueles cuja posição na vida os tornam mais conscientes de sua necessidade de Cristo. Pense em fazer sua escolha de residência de acordo com isso, embora tal escolha implique o morar em condições que talvez não empolguem a sua sogra.

UMA MANIFESTAÇÃO DA GLÓRIA DE DEUS

Uma coisa que tenho aprendido por estar envolvido na plantação da igreja hispânica é o poder evangelístico do amor da igreja. Embora somente alguns poucos membros da Guilford Baptist Church falem espanhol, a igreja tem sido capaz de manter um maravilhoso testemunho para as pessoas de língua espanhola, por lhes mostrar amor.

Há tensões sérias entre as populações de língua inglesa e as de língua espanhola de nossa vizinhança, Sterling Park. Muitos dos americanos mudaram-se para Sterling Park há trinta anos quando ela ainda era rural, quieta e sem crimes. Criaram suas famílias, construíram uma vida e agora querem aposentar-se em paz. Nos últimos quinze anos passados, a cidade mudou completamente. Ainda que a maioria das pessoas de fala espanhola sejam honestas e trabalhadores dedicados, têm havido inúmeros problemas. As vizinhanças são superlotadas. Muitas casas têm dez ou mais pessoas que moram nelas. A escola de ensino médio coloca avisos que proíbem distintivos de gangues. Houve vários tiros fatais nos últimos dois anos. No verão passado, uma senhora idosa foi atacada sexualmente a quatro casas de nossa residência.

Posso entender por que pessoas ficam loucas. Ninguém quer assassinato e estupro em sua vizinhança. O escritório do xerife realiza inquéritos públicos que são marcados por ira e hostilidade, em sua maioria da parte dos moradores de fala inglesa, porque imigrantes ilegais geralmente não aparecem quando o escritório do xerife realiza esses inquéritos. O supervisor de nosso condado apareceu na Rádio Pública Nacional e disse isto sobre a urbanização e o declínio da qualidade de vida em Sterling Park: "Aquilo não é urbanização. É um antro de imoralidade. Pessoas vêm de fora desta cultura e estão defecando nas ruas de nossa cidade. E nossa cidade está indignada com o fato de que eles não seguem as regras".[2]

Nesse ambiente, nossa igreja de maioria americana tem desfrutado de muitas oportunidades de mostrar amor às pessoas de fala espanhola. Algumas das mulheres da igreja de fala inglesa alcançaram uma mulher mexicana apenas por pedir-lhe que lhes ensinasse a fazer uma comida mexicana, tamales (essa mexicana foi deportada logo depois). Passaram o dia se comunicando por meio de sorrisos e gestos manuais. Depois, as mulheres americanas ensinaram as mulheres hispânicas a fazerem tortas de maçã. Pessoas da igreja de fala inglesa têm levantado ofertas para comprarem ceia de Natal para famílias no ministério hispânico e têm convidado palestrantes hispânicos para falarem em seus lares no jantar de ação de graças.

Minha própria esposa é a rainha do amor por pessoas de diferentes culturas. Ela não tem nenhum medo. Convida pessoas que não falam um pingo de inglês para vir à nossa casa; e faz isso com tanta facilidade como a maioria das pessoas

---

2 Eugene Delgaudio, em *The Politics Hour: The Kojo Nnamdi Show*, 20 de junho de 2008.

convidam seus melhores amigos. Eu lhe pergunto como nos comunicaremos com essas pessoas, em resposta a isso ela sorri e diz que compreenderemos algo. Lembro uma noite em que tivemos cerca de oito homens da turma de trabalho de Heriberto em nossa casa, para jantar. Eles haviam pintado o interior do prédio de nossa igreja, e Karen queria agradecer-lhes. Ela usou o melhor para honrá-los – cristais chineses da vovó, carne excelente e sobremesa fantástica. Nunca esquecerei que estava sentado na mesa e ouvi, pela tradução de Neissy, as histórias que os homens contaram de viverem em campo de refugiados na Guatemala ou de colherem café por menos de um dólar por dia. Falaram sobre os riscos de vida ameaçadores que correram para entrar nos Estados Unidos e da profunda tristeza de deixarem sua esposa e filhos. Enquanto iam embora, todos agradeceram a Karen por sua hospitalidade, e um homem tinha lágrimas nos olhos. Ele disse que estava no país havia oito anos e que aquela era a primeira vez que estivera no interior de uma casa americana por outra razão além de pintá-la.

Você pode ver como o amor dos cristãos adorna o evangelho. A igreja deve ter na comunidade uma reputação de amor extraordinário. Enquanto quase todos os americanos que moram em Sterling Park direcionam sua animosidade para com os latinos, nós, a Guilford Baptist Church, queremos ganhar uma reputação de amor e bondade que torna o Salvador mais atraente para eles. Por isso, tomamos passos que tornam nosso amor mais visível para a comunidade. Quando a igreja de fala inglesa ampliou o prédio velho em que nos reuníamos, escolhemos intencionalmente mudar nossas reuniões para uma escola no centro da comunidade de fala espanhola em Sterling Park. Agora, as duas igrejas se reúnem ao mesmo tempo na mesma escola (a pouca distância uma da outra). Todas as placas são bilíngues, e temos uma comunhão de refeição mensal juntos. Tentamos fazer tudo que podemos para comunicar o poder do evangelho e, assim, substituir o ódio pelo amor e reconciliar grupos inimigos (cf. Jo 13.34-35; Ef 2.18-22).

DEUS É O GRANDE DIRETOR DE MISSÕES

Um dia, há um ano ou dois, eu estava almoçando com um dos membros originais da Guilford Fellowship. Ele saíra da igreja depois de alguns meses de meu pastorado, por questões doutrinárias, mas não houve ressentimentos. Eu lhe contava a história de como a igreja hispânica fora começada, quando ele parou e sorriu. "Deus sempre faz a sua vontade, não faz?", ele disse. Ele me lembrou como o consultor da associação batista havia sugerido à Guilford dar o seu prédio a uma igreja de fala espanhola, mas os membros ficaram relutantes. Na verdade, Deus fez a sua vontade.

Portanto, se você é um plantador de igreja ou está começando a revitalizar uma igreja, lembre que, como Tim Chester gosta de dizer, "Deus é o grande diretor de missões". Não precisamos fazer milhares de planos e estratégias para alcançar o mundo. Deus é mais entusiasmado em propagar seu evangelho do que nós o somos. Precisamos apenas ser entusiasmados

Deus Sempre faz a sua Vontade

por seguir sua direção e confiar nele quanto ao suprimento. Se Deus pode usar uma igreja como a nossa para plantar igrejas de fala espanhola (estamos agora no processo de plantar a segunda dessas igrejas), ele também pode usar sua igreja para fazer algo grande.

Como Estragar Tudo

A maior necessidade de meu povo é minha santidade pessoal.
Robert Murray M'Cheyne

Imagino que o fato de você estar lendo este livro até aqui significa que você está gostando. Ou que você perdeu algum tipo de aposta. Eu, até esta altura, tenho gostado de escrevê-lo. Voltar ao passado e recontar algumas das maneiras pelas quais tenho visto Deus agir é muito encorajador para minha alma.

No entanto, preciso fazer uma confissão: tenho medo deste capítulo, já por algum tempo. Mas tenho uma suspeita íntima de que este pode ser o capítulo mais proveitoso do livro para alguns plantadores de igreja.

Vou direto ao ponto: plantar igreja pode ser cruel para o nosso casamento. Quase arruinou o meu. Não, ignore isso. Meu pecado quase arruinou nosso casamento. Plantar igreja foi simplesmente a arena em que a coisa toda se desenvolveu.

Sob pressão

Olhe, plantar igreja é estressante. Considere isto: pesquisadores da área de saúde reuniram uma lista de dezenove mudanças comuns da vida que causam estresse.[1] Cada uma destas mudanças da vida causa, por si mesma, estresse tremendo. Mas, junte várias delas e você terá um estresse realmente significativo. Pelos meus cálculos, plantar igreja sempre envolve pelo menos metade das mudanças referidas naquela lista.

Pense nisto. Se você é um plantador de igreja de primeira vez, tem um novo trabalho que não é apenas um novo trabalho; é uma mudança de carreira radical. É um trabalho que envolve um aumento significativo na quantidade de responsabilidade colocada em seus ombros, visto que tudo depende de sua decisão. Você tem uma nova agenda de trabalho e, talvez, uma mudança adversa em suas finanças.

Além das mudanças na carreira, há perdas pessoais e ajustes. Você deixou sua velha igreja, com todos os seus amigos e apoiadores, e isso implica que você pode ter de lidar com isolamento e solidão. Você talvez se mudou para uma nova cidade, e isso envolve conhecer as coisas básicas em uma nova comunidade ("onde está o restaurante de *fast food*?). Terá de achar uma nova casa e mudar sua família para essa casa, o que é tão divertido quanto enfiar o dedo no seu próprio olho.

E a realidade é que, se você planta uma igreja, essas pressões virão sobre a sua esposa e a sua família. Eles farão os mesmos ajustes que você está fazendo. Sua esposa terá de lidar com todos os mesmos temores de fracasso que você enfrenta,

---

[1] Thomas H. Holmes e M. Masusu, "Life Change and Illness Susceptibility", em *Stressful Life Events: Their Nature and Effects*, ed. Barbara S. Dohrenwend e Bruce P. Dohrenwend (New York: John Wiley & Sons), 42-72.

mas ela não terá qualquer controle sobre as circunstâncias diárias que determinam realmente se você falhará. Ela terá de lidar com um marido ocupado e preocupado.

Se a sua esposa é como a minha, as chances são de que ela procurará ministrar de todas as formas que lhe forem possíveis. Karen se tornou rapidamente a verdadeira diretora do ministério de crianças, a líder do estudo bíblico para mulheres, conselheira das mulheres e zeladora. Nunca esquecerei a cena de Karen, grávida de oito meses e meio, passando o aspirador no piso inferior de nossa igreja cada sábado de manhã, em nosso primeiro ano neste local. Todo domingo ela convidava a igreja inteira a vir almoçar em nossa casa, para que os visitantes se sentissem bem vindos e os novos membros conhecessem uns aos outros. Pelo menos vinte pessoas vinham geralmente. Ela queria que a igreja decolasse, como eu também o queria, embora eu tivesse mais dificuldades pessoais. Karen é mais dotada e frutífera do que eu. Por isso, ela gastava toda energia extra investindo na Guilford Baptist Church.

As boas notícias são que casamentos sólidos podem resistir a esses tipos de pressões. Bons casamentos até crescem e florescem em um ambiente delicado e sensível, quando marido e mulher aprendem a cuidar um do outro e a confiar no Senhor de maneiras novas. Mas, se você tem problemas em seu casamento, esteja certo de que o estresse de plantar uma igreja fará emergir esses problemas.

E descobri que tinha problemas sérios no casamento.

Problemas

Depois de alguns meses em Guilford, Karen e eu começamos a brigar. Constantemente. Tínhamos sido os melhores amigos desde que éramos adolescentes, mas, de repente, não podíamos passar dois dias sem uma discussão séria. Não posso lembrar as coisas por que brigávamos, porém nos achávamos brigando todo sábado à noite até às primeiras horas da manhã. Acordávamos e íamos à igreja e, depois, recomeçávamos o conflito no domingo à noite. A segunda-feira, o dia de folga da família, seria gasto frequentemente em terminarmos o conflito ou tentarmos recuperar-nos do dano. Estávamos ficando cada vez mais exaustos, irados e sem esperança.

Isso aconteceu durante meses. A situação ficou tão má que comecei a ter medo de ir à igreja no domingo de manhã, porque eu estava emocional e fisicamente exausto. Odiava sentir-me como um hipócrita. Eu acreditava genuinamente nas verdades que ensinava às pessoas, mas as lições não pareciam estar se arraigando em minha própria vida e casamento. Ao mesmo tempo, a igreja estava crescendo em números e em sua vida espiritual, e comecei a buscar o conselho de outros homens para saber se eu deveria continuar no ministério. Esses homens me aconselharam a ser leal ao trabalho e a esforçar-me para solucionar os problemas no casamento. Contudo, eu sabia que não poderia continuar se o meu casamento não melhorasse.

Então, as coisas pioraram.

Em meio aos nossos problemas conjugais, nossa família passou por dois acontecimentos importantes. Primeiro, tivemos nosso terceiro filho, Phineas. No geral, o nascimento de Phineas foi uma coisa boa. Nós gostamos realmente dele; mas ter outro filho pode ser estressante. E ter três filhos abaixo de quatro anos de idade é especialmente estressante.

Segundo, Karen começou a ter dores intensas em seu olho esquerdo. A princípio, ela ignorou isso e tentou superar a dor. Ora, Karen é a pessoa mais resistente que já conheci. Ela tem uma capacidade de tolerância à dor de um lutador de MMA mesclada com a de um boneco de testes de choques. Ela cresceu andando de bicicleta para cima e para baixo nas Montanhas Rochosas e praticando snowboard nas geleiras. Por isso, não pensamos muito sobre a situação. Além disso, estávamos muito ocupados com a igreja.

No entanto, a visão de Karen começou a mudar, até que ela ficou quase totalmente cega em seu olho esquerdo. Ela foi a um oftalmologista que, por sua vez, mandou-a a um neurologista. Neste tempo, o braço esquerdo de Karen estava dormente e fraco; e ficamos com medo. Depois de uma punção lombar e dois exames de ressonância magnética, eles tinham um diagnóstico: esclerose múltipla. O mês seguinte foi cheio de consultas médicas, tratamentos com esteroide IV e muitas pesquisas na Internet.

Nesta altura, você pode pensar que deixaríamos as coisas passadas serem coisas passadas e que os problemas triviais do casamento iriam para segundo plano. Mas isso não aconteceu.

As coisas continuaram a piorar durante meses e meses. É horrível pensar de novo nos conflitos que tivemos e nas coisas que eu disse e fiz. Para o mundo exterior parecíamos um casal cristão modelo, mas a realidade era o oposto.

AVISO: PERIGO À FRENTE

Ora, entendo que este livro não é sobre meu casamento; é um livro sobre plantação de igreja. Contudo, você não será capaz de plantar uma igreja se não resolver os problemas do seu casamento. Portanto, deixe-me falar sobre um pecado sutil no íntimo de muitos plantadores de igreja que o tentará a fazer coisas que são prejudiciais ao seu casamento: o medo do homem.

O temor do homem é uma das piores formas de orgulho. E pastorear uma igreja pequenina e inexperiente lhe dará oportunidades incessantes de temer o homem. Todo domingo você se levantará diante das pessoas, sentindo-se como se estivesse em julgamento. Os membros comprometidos da igreja o observarão para ver quão dedicado foi seu trabalho e se você é um bom pastor. Pessoas estranhas também entrarão em sua vida nos domingos de manhã e farão julgamento. Se gostarem de você, permanecerão. Se não gostarem – e a maioria delas não gosta – irão embora; e isso sempre lhe tentará a pensar que elas estão levando consigo a sua única chance de ter uma igreja que pode realmente pagar-lhe um salário. Para tornar as coisas piores, os homens da sua rede de plantação de igreja observarão você, para assegurarem-se de que a igreja deles ainda é maior do que a sua. Eu poderia continuar falando. Em tudo, o seu orgulho o tentará a buscar a aprovação e o aplauso de outros, a qualquer custo.

Embora eu soubesse muito bem disso, eu me importava realmente com a aparência de sucesso. Não queria apenas que a igreja se saísse bem – queria também que ela se saísse bem de maneiras que fossem óbvias para os outros. Eu não gostava de que o prédio fosse sujo. Não gostava de que o ministério de crianças fosse desorganizado quando houvesse visitantes, etc.

Como resultado, tomei muitas coisas sobre meus próprios ombros e coloquei muitas coisas sobre os ombros de Karen. Nunca separei tempo significativo do trabalho para cuidar dela quando estava doente ou se recuperando de um parto. Deixei Karen em casa depois que Phineas nasceu para poder ir ao nosso recém-iniciado culto vespertino. Não queria que o culto fracassasse aos olhos de outras pessoas. Mas não me preocupava em fracassar no lar.

Também entendo agora que nunca protegi Karen das expectativas das outras pessoas na congregação. E nunca recusei suas ofertas de ajuda. Permiti que ela se exaurisse para servir-me e à igreja. Nunca lhe disse que a amaria ainda que ela não se matasse para fazer a igreja funcionar. Eu não tinha qualquer ideia de como ser um bom marido.

Amigo, se você está plantando uma igreja, não cometa o mesmo erro que cometi. Não creia na mentira de que Deus não edificará sua igreja, a menos que você negligencie a sua esposa. O Deus cuja igreja você está servindo é o mesmo Deus que ordena você amar sua esposa como Cristo amou a igreja. Ame a sua esposa mais do que você ama a opinião das outras pessoas. Priorize-a acima do seu próprio sucesso. Que lhe aproveita edificar uma igreja forte e vibrante, mas perder a sua esposa?

DEUS DÁ MAIOR GRAÇA

Uma manhã, em meio aos nossos problemas de casamento, eu estava lendo Tiago 4, onde Deus fala sobre ira e contendas. Pela análise perscrutadora de Tiago, fui convencido do amor próprio e da egolatria que estão por trás de nossos conflitos pecaminosos. Mas, depois de um diagnóstico arrasador, Tiago nos dá esta promessa no começo do versículo 6: "Antes, ele [Deus] dá maior graça". Eu precisava da graça que nos tiraria daquela bagunça.

Certamente, Karen e eu começamos a ver evidências da obra de Deus em nossa vida. Para começar, nos reunimos com alguns amigos da Capitol Hill Baptist Church. Embora isso fosse doloroso a princípio, o ato de trazer nossa vida à luz foi maravilhoso. Paramos de agir como se guardássemos um segredo. Agora tínhamos pessoas que oravam por nós e para as quais prestávamos contas.

Ao mesmo tempo, eu estava conhecendo alguns outros pastores de nossa área que faziam parte do ministério Sovereign Grace. Observei que eles falavam de sua esposa de maneira diferente do que eu pensava sobre Karen. Eles viam o papel de sua esposa como maridos, líderes e pastores de maneiras diferentes que me impressionaram – tinham feito do cuidar de sua esposa e sua família uma prioridade real. Falavam sobre confessar pecados à sua esposa e receber opiniões de sua esposa sobre problemas de sua vida e caráter. Eu acreditava em todas essas coisas, mas esses pastores estavam fazendo isso realmente. Talvez seja por isso que suas esposas pareciam gostar deles. Eu os respeito! O que quer que eles houvessem descoberto, eu o queria. Muito.

Por isso, arrastei Karen à conferência de pastores do ministério Sovereign Grace naquele ano. Havia grandes pregadores – David Powlison, R. C. Sproul, C. J. Mahaney – mas eu não estava interessado nas palestras. Queria apenas que nos assentássemos no fundo e observássemos como os pastores e suas esposas conversavam um com o outro. Talvez pudéssemos pegar a dinâmica deles. Em algum lugar naquela sala enorme, alguém tinha descoberto o segredo desta relação casamento-ministério. Tínhamos apenas de achar essas pessoas e convencê-las a nos ajudar.

Em sua bondade, o Senhor nos levou às pessoas certas. Deveríamos almoçar com o pastor (e sua esposa) da igreja do ministério Sovereign Grace que ficava não muito distante de nossa igreja. Mas eles tiveram de sair repentinamente devido a uma emergência pastoral. Em seu lugar, ele mandou o seu pastor executivo, Vince Hinders, e sua esposa, Bonnie. Vince e Bonnie nos pegaram para almoçarmos. Bem, depois Vince e Bonnie se viram fazendo um grande esforço enquanto Karen e eu, totalmente estranhos para eles, os bombardeávamos com todos os nossos problemas. Tiveram compaixão de nós naquela tarde e tentaram nos ajudar a fazer uma triagem dos problemas em nosso casamento, pelo que serei sempre grato. Nos próximos meses, eles se reuniram conosco várias vezes, e, embora eu não lembre tudo que Vince me disse, seu exemplo e supervisão eram exatamente o que eu precisava.

Devagar, mas persistentemente, Karen e eu começamos a perdoar um ao outro e a mudar. Um amigo me deu um artigo intitulado "A Cruz e o Criticismo", publicado no *Journal of Biblical Counseling* (Jornal de Aconselhamento Bíblico); e comecei a ver como minha incapacidade de aceitar críticas estava mantendo refém o nosso casamento. Embora nunca tivesse pensado em mim mesmo como uma pessoa irada, compreendi que amargura e ressentimento começaram a dominar minha vida. Aqueles foram meses angustiantes de aprender sobre o meu pecado, mas foram meses que, de várias maneiras, fizeram com que Karen e eu sentíssemos que tínhamos um novo começo na vida.

Mas isso não é o fim da história.

ESPERE, HÁ MAIS!

Quando fomos para a Guilford, estávamos casados havia quase oito anos. A maior parte desse tempo foi tranquilo e feliz, embora todas as questões e problemas que mencionei antes estivessem presentes em minha vida. Por isso, houve ocasiões em meio aos nossos conflitos conjugais que perguntei a mim mesmo: *Deus, por que agora? Se o Senhor queria tratar essas questões em minha vida, por que não o fez antes de eu vir para este negócio de plantar igreja?* Parecia um tempo estranho para Deus resolver tratar de questões de pecado em minha vida.

Mas comecei a observar algo. As coisas que eu estava aprendendo sobre o meu pecado – minha autodecepção (ver Jr 17.9), minha ira, minha indisposição de receber críticas – essas coisas começaram a aparecer como pontos de aplicação em minhas pregações. Senti como se visse essas coisas em toda a Escritura.

Deus também me deu oportunidades de usar aquelas lições para aconselhar outros homens da igreja. Um dia, eu estava fazendo aconselhamento conjugal com um casal de nossa igreja que eram nossos bons amigos. Por muito tempo enfrentavam lutas em seu casamento, em grande parte devido à irascibilidade e à irritabilidade do marido. Quando ele ficava frustrado ou mal-humorado, falava asperamente com sua esposa. Reuni toda a minha sabedoria de aconselhamento e lhe disse: Jim (não é seu verdadeiro nome), vou lhe dizer algo realmente importante. Este é um dos segredos para ser um bom marido para o resto de sua vida. Jim, você deve ser ótimo para sua mulher".

Será que sou mesmo um grande conselheiro? Seja ótimo, eu disse.

A esposa olhou para mim, como se tivesse percebido que o Mister Rogers era o seu pastor. Depois, ela disse: "Acho que estamos no ponto mais crítico. É um tanto desanimador que você tenha dito ao meu marido que ele deve ser ótimo, como se estivéssemos no jardim da infância".

Mas, sabe o que aconteceu? Pela graça de Deus, aquele pequeno conselho apoderou-se da vida de Jim, e ele começou a mudar.

Um dia, Jim estava em minha cozinha e falou-me sobre os problemas conjugais que algumas pessoas de sua família estavam enfrentando. Ele sorriu e disse: "Sabe, tive aquela *conversa* com o marido". Perguntei-lhe o que estava querendo dizer. Jim respondeu: "Você sabe, a conversa de 'você deve ser ótimo para sua mulher'. Acho que o ajudou". Ambos sorrimos, mas aquilo me impactou. Deus mandou Vince Hinders para ter a conversa comigo, para que eu tivesse a conversa com meu amigo Jim, para que ele tivesse a conversa com alguém mais.

É assim que isto funciona. Deus está na obra de nos tornar santos e eficazes, ainda que seja doloroso.

Portanto, se você está plantando uma igreja, prepare-se para o fato de que Deus pode começar a aperfeiçoá-lo e santificá-lo de maneiras que são difíceis. Mas anime-se no fato de que Deus usará isso. Assim como Paulo consolou outros com o consolo recebido de Deus (2 Co 1.4), nós também ajudamos outros a crescerem em santidade quando Deus nos faz passar por um tempo de santificação.

Não se Ofenda: Você Está Fazendo Tudo Errado

Eu estava almoçando com Bob Donohue, um amigo meu que pastoreia uma igreja num bairro vizinho. Havíamos conversado sobre o crescimento da Guilford Baptist Church e sobre o fato de que o crescimento estava me matando, quando ele fez uso da velha tática "punho de ferro em luva de veludo". Você sabe, abrandar uma crítica com encorajamento. Bob afirmou: "Mike, acho que você está fazendo um grande trabalho. Deus está fazendo muitas coisas por meio de você na Guilford". *Excelente, obrigado, Bob! Mas o que você está querendo realmente dizer?* Ele continuou: "Mas, com todo o respeito, tenho de dizer-lhe: acho que você está fazendo tudo completamente errado".

Tudo completamente errado? Não me esconda nada agora, Bob.

A igreja crescera permanentemente no decorrer de seu primeiro ano e meio. Havia mais de 130 pessoas de fala inglesa na igreja, e eu estava estressado. Karen e eu gastávamos grande parte de nosso tempo ajudando novas pessoas a se integrarem na congregação. Quase todos que se uniram à igreja haviam estado em nossa casa para tomar uma refeição. E tínhamos prazer nisso. Karen é uma especialista em hospitalidade e usava seus dons para edificar a igreja.

Mas isso se tornou demais. Pessoas estavam em nossa casa pelo menos duas ou três vezes por semana. Criamos um item em nosso orçamento apenas para incluir toda a comida que Karen comprava para exercer hospitalidade. No entanto, compreendíamos que poucas outras pessoas da igreja estavam se conectando e servindo umas às outras. Todos na igreja estavam se envolvendo com nossa família, mas havia relativamente pouco ministério ou comunhão acontecendo à parte de nossa família. A situação estava se tornando tanto fatigante como incontrolável. Estávamos chegando ao ponto de ficarmos saturados.

Quando eu estava terminando de descrever a situação para Bob, ele ofereceu esta avaliação: eu teria feito tudo em direção contrária. Em vez de gastar todo o meu tempo assegurando-me de que novas pessoas fossem integradas à igreja, eu teria gasto mais tempo treinando novos líderes na igreja. Ele comparou o crescimento da igreja ao crescimento do corpo humano: os músculos e os órgãos da igreja estavam crescendo, mas eu não fizera nada para produzir um esqueleto forte. Como resultado, estávamos crescendo como uma bolha sem qualquer infraestrutura. Embora houvéssemos instituído dois presbíteros novos, um deles estava investindo todo o seu tempo no trabalho com a igreja hispânica. Não tínhamos liderança suficiente para as pessoas que tínhamos, sem mencionar liderança suficiente para receber as novas pessoas que chegavam semana após semana.

INTERVALO: PROCURE CONHECER OUTROS PASTORES

Posso parar aqui apenas para enaltecer o valor de amizades com pastores de outras igrejas, especialmente quando você está voando sozinho? Poucas coisas têm sido tão valiosas como o tempo que tenho gasto em conhecer outros pastores em nossa área. Meu alvo é conhecer um pastor a cada mês. Eu mando e-mail para eles, digo-lhes quem eu sou, faço-lhes saber que nossa igreja tem orado por eles (nosso costume é orar por outras igrejas de nossa área todo domingo de manhã) e pergunto-lhes se posso pagar-lhes um almoço. Eles geralmente pagam, visto que são mais velhos ou mais estabelecidos, mas parece rude não me oferecer antecipadamente. No almoço, faço-lhes uma porção de perguntas sobre o seu ministério, a sua família e o seu conhecimento da comunidade.

Na maior parte dos casos, você ficaria admirado de quanto os outros pastores sabem, e que bons conselhos eles têm, inclusive (surpreenda-se) aqueles que não são teologicamente reformados. Nem todo pastor é incrivelmente sábio, mas você pode aprender algo de quase toda pessoa. Quase toda boa ideia de ministério que eu já tive foi "emprestada" de outro pastor.

Portanto, se você é um plantador de igreja ou um pastor jovem, procure conhecer outros pastores em sua área. Se você é um pastor mais velho, procure conhecer pastores jovens em sua cidade e ajude-os um pouco.

QUALIDADES DE UM LÍDER

Agora, retornemos à história. Almoçando com Bob, fui impactado pela sabedoria de seu diagnóstico, bem como pela prescrição do remédio necessário. Eu precisava desenvolver mais líderes, mais pessoas que pudessem levar avante a obra do ministério.

Deus chama os homens para serem líderes na igreja e no lar, e, por isso, o lugar natural em que eu deveria focalizar primeiramente a atenção era nos homens da congregação. Visualizei um grupo de homens sobre os quais eu poderia depender para ajudar-me a conduzir a igreja na direção certa.

Comecei por traçar um perfil de como deveria ser um homem em nossa igreja. Fiz uma lista de cinco qualidades.

1) *Deve ser piedoso*. Se um homem puder ajudar a igreja a avançar, ele precisa estar crescendo em santidade. Deve ser habitual em sua prática das disciplinas espirituais, inculpável em seu comportamento (evitando pecados gritantes como pornografia, bebedeira e trapaça), mortificando incessantemente pecados mais sutis em sua vida, como orgulho, ira e egoísmo. Deve evidenciar o fruto do Espírito de Deus e uma confiança crescente na providência de Deus.

2) *Deve ser teologicamente firme.* A igreja precisa de homens que têm uma compreensão firme de questões teológicas. Um homem que é um bom líder deve ser capaz de entender as doutrinas que estão no âmago de nossa congregação. Precisa ser capaz de compreender e explicar para os outros o que ele crê sobre a Trindade, a doutrina da Escritura, a eleição e assim por diante.

3) *Deve fazer um bom trabalho de liderança em sua própria família.* Se um homem não lidera bem a sua família, ele não pode, em última análise, ser um líder útil e eficiente na igreja. Ele deve estar liderando a sua esposa em crescer na piedade, amando-a com sacrifício de si mesmo e cuidando dela emocionalmente. Ele deve estar disciplinando seus filhos e ensinando-os a amar o evangelho.

4) *Deve estar envolvido na igreja.* Ainda que um homem seja santo e teologicamente firme, ele não será muito útil à igreja se não entende a importância da igreja e não está comprometido com vê-la crescendo e prosperando. Um homem deve liderar sua família em servir na igreja. Deve envolver-se em saudar os visitantes nos domingos de manhã, em discipular os crentes mais jovens e em compartilhar o evangelho com seus amigos e vizinhos.

5) *Deve entender o que faz da liderança cristã algo distinto.* Ele não deve agir como um dominador sobre as outras pessoas, mas deve ser um dos primeiros a servir (Mc 10.42-45). Sua liderança deve ser graciosa e paciente. Deve entender os princípios bíblicos de mudança de vida e saber como aplicá-los à vida dos outros.

Quando examinei estas cinco qualidades que eu havia descrito, compreendi que basicamente eu havia resumido as qualificações bíblicas de um presbítero, com exceção da exigência de que um presbítero seja apto para ensinar. Comecei a sonhar com a ideia de levantar um grupo de homens que serviriam como um esqueleto para a igreja.

TREINANDO HOMENS

O único problema era como tirar estas qualidades de um pedaço de papel e transportá-las para a vida de homens em nossa igreja. Eu já estava me sentindo dominado por minha agenda e ainda estava aprendendo algumas dessas coisas em minha própria vida. Onde começar?

Felizmente, eu tinha muitos amigos, incluindo Bob, que era um "punho de ferro em luva de veludo" em minha vida. Bob me enviou uma pasta enorme com materiais que ele usava no programa de treinamento de líderes em sua igreja. Usando tarefas de leitura do livro *Bible Doctrine* (Doutrina Bíblica), de Wayne Grudem e Jeff Purswell, e outros materiais, o programa cobria a maior parte dos principais temas da teologia sistemática, bem como os temas de santificação, liderança e evangelização. Na vida de uma igreja, nada pode fazer o que a pregação semanal da Palavra de Deus para toda a igreja faz. Contudo, essas lições, desenvolvidas durante vinte e duas reuniões, me dariam a chance de atingir temporariamente uma área de necessidade profunda. Isso me daria uma oportunidade de desenvolver essas qualidades nos homens de nossa igreja. Agora eu tinha um plano.

Portanto, espalhei a notícia aos homens da igreja. A princípio, estava em dúvida sobre começar com um grupo pequeno que mostrava ter mais potencial para liderança ou abrir para qualquer um que se comprometeria a participar das reuniões. Decidi pela segunda opção, pois considerei que, quanto mais homens eu pudesse alcançar de uma vez, tanto melhor seria. Anunciei que nos reuniríamos por duas horas a cada terceiro sábado, pela manhã. Era um dia e um horário estranhos, mas homens que tinham famílias jovens (incluindo a mim mesmo) talvez não se comprometeriam a estarem fora de casa em cada sábado pela manhã.

Achei que o compromisso com o tempo, com a extensa tarefa de leitura e com a memorização das Escrituras exigida manteria baixa a participação. Mas eu estava errado – tivemos quinze homens em nossa primeira reunião. Falei sobre o grupo. Disse-lhes que o trabalho de casa não era opcional, que a memorização das Escrituras seria recitada em frente do grupo, que a frequência era obrigatória e que todos tinham de comprometer-se a serem francos quanto à sua vida. Certamente, essas exigências repeliriam pelo menos metade do grupo. Errado de novo – na reunião seguinte tivemos dezessete homens.

Na primeira reunião, consideramos os primeiros três capítulos de Efésios e vimos que a questão que estava em jogo na igreja local era nada menos do que uma manifestação da glória de Deus para o universo. Vimos que a liderança masculina na igreja e no lar era crucial para definir se a Guilford Baptist Church cresceria e prosperaria ou não. Falei com franqueza sobre as necessidades da igreja e sobre o fato de que eu tinha ido além de minha capacidade para tentar satisfazer sozinho estas necessidades.

A resposta foi boa. Não mentirei para você, pois não irrompeu um avivamento entre eles, nem direi que todos os homens do grupo se tornaram superlíderes da noite para o dia. Mas notamos um crescimento permanente e consistente na vida da maioria dos homens. À medida que estudávamos teologia, sempre enfrentávamos esta pergunta: como isto se aplica a mim enquanto tento ser fiel no lar e na igreja?

Por meio de tudo aquilo, estava se formando um grupo de homens em que podíamos confiar. Tiveram dificuldades com a doutrina da eleição, podiam explicar por que a doutrina da inspiração das Escrituras leva à sua autoridade e sabiam por que é importante que a morte de Jesus foi um sacrifício expiatório e não um exemplo moral.

Com o passar do tempo, saímos da teologia sistemática para questões de santificação. Algumas de nossas conversas foram tão frutíferas, que tivemos de suspender nosso horário normal e estendê-lo para reuniões subsequentes. Nossa discussão sobre orgulho foi um instrumento para abrir os olhos dos homens, porque começaram a ver o fruto negativo de seu orgulho em todas as áreas de sua vida. Nossa discussão sobre a ira durou três reuniões, quando os homens consideraram como suas explosões de ira, pequenas ou grandes, indicavam um problema mais profundo em sua adoração. Eles falaram com franqueza sobre lascívia, pornografia e comportamentos pecaminosos resultantes de padrões de pecado. Gastamos uma reunião falando sobre as bênçãos do sexo e do romance no casamento. Os homens começaram a dispor-se e a fazer um melhor trabalho de liderar sua família e de se envolverem na congregação. Quando chegou o tempo para a igreja identificar líderes de pequenos grupos e novos presbíteros, fomos capazes de escolhê-los dentre este grupo de homens treinados.

HOMENS VERDADEIROS, LÍDERES VERDADEIROS

Nestes dias há muita conversa a respeito de masculinidade. É popular condenar a feminização da igreja. De acordo com um artigo na revista *Christianity Today* (Cristianismo Hoje), um pastor "argumenta que os 'motoristas de carros de luxo que bebem café forte' não representam a masculinidade bíblica, porque o 'homens verdadeiros' – como Jesus, Paulo e João Batista – são 'homens que se vestem bem: homens heterossexuais, que dão soco no nariz e vencem uma briga'. Em outras palavras, visto que Jesus 'não é um hippie efeminado que usa vestidos', os homens criados à sua imagem não são rapazes de igreja feminizados. Eles são agressivos, assertivos e não verbais".[1]

Não sou totalmente contra esta ideia. Acho que as ligas americanas de atletismo e de futebol são uma evidência

---

1 Brandon O'Brien, "A Jesus for Real Men", *Christianity Today*, Vol. 52, No. 4 (April 18, 2008).

convincente de que há um Criador que nos ama. Lá no fundo de meu coração, tenho a convicção de que os homens devem mudar o óleo do carro. Eu amo tatuagens e possuo uma serra elétrica manual. Gosto da ideia "seja um homem valente". Entretanto, todos sabemos que ser um homem verdadeiro não tem nada a ver com qualquer dessas coisas. Não tem nada a ver com as suas roupas, com o carro que você dirige, com a sua bebida favorita ou com o tamanho de seus músculos.

Em vez disso, ser um homem verdadeiro significa ser responsável, digno de confiança, humilde e forte. Significa gastar-se em favor de sua esposa e filhos. Significa andar em intimidade com Cristo e cuidar de pessoas em necessidade. Falando com seriedade, quem se importa com o tipo de roupa que um homem usa? Quem se importa com o tipo de carro que ele dirige? Temos homens em nossa igreja que falam alto, são grandes e praticam a musculação. E temos homens que falam suavemente, são intelectuais e indiferentes em relação a carros e esportes. Adivinhe quem me traz mais dor de cabeça como pastor? Adivinhe quem é mais confiável, fiel, digno de confiança, melhor marido e melhor pai? Não estou convencido de que a maneira de levantar homens em minha igreja é sair por aí como um híbrido de Tim Taylor, "O Homem Ferramenta", e Steve Mcqueen pró-Jesus. Em vez disso, os homens precisam ser ensinados, treinados e desafiados e, depois, liberados para servir a Deus, com suas personalidades e temperamentos individuais.

As igrejas deveriam ser cuidadosas em não julgar os líderes pelos padrões do mundo. O mundo pode ser cativado por poder, carisma, machismo, prestígio, beleza física, riqueza e força, mas estas não são as qualidades que atraíram a atenção dos autores do Novo Testamento. Considere as instruções que Paulo deu a Tito:

> Para que... constituísses presbíteros, conforme te prescrevi: alguém que seja irrepreensível, marido de uma só mulher, que tenha filhos crentes que não são acusados de dissolução, nem são insubordinados. Porque é indispensável que o bispo seja irrepreensível como despenseiro de Deus, não arrogante, não irascível, não dado ao vinho, nem violento, nem cobiçoso de torpe ganância; antes, hospitaleiro, amigo do bem, sóbrio, justo, piedoso, que tenha domínio de si, apegado à palavra fiel, que é segundo a doutrina, de modo que tenha poder tanto para exortar pelo reto ensino como para convencer os que o contradizem (Tt 1.5-9).

Em geral, o mundo não aplaudirá um homem por ser hospitaleiro e autocontrolado.

Depois que me tornei um cristão, cresci numa megaigreja não denominacional. Pelo que sei, quase todos os mais de trinta presbíteros da igreja eram profissionais de sucesso (advogados, médicos, diretores de indústria). Alguns deles eram pastores piedosos, mas um bom número deles, conforme eles mesmos admitiam, não eram muito instruídos sobre a Bíblia, nem interessados em cuidar dos membros individuais. Tinham as qualidades necessárias para liderar em seu lugar de trabalho, por isso a igreja supôs que poderiam liderar a congregação. Isto é um perigo real para a igreja.

Por outro lado, as igrejas devem esperar que o Senhor tenha dado os dons de liderança a homens de diferentes etnias, diferentes níveis de educação e diferentes contextos socioeconômicos. De fato, em vista da preferência do Senhor por usar os pobres e os humildes para fazer a sua vontade (cf. 1 Sm 16.7; Lc 1.46-49; 1 Co 1.26-29), devemos esperar que muitos líderes de igreja sejam inexpressivos aos olhos do mundo. Se todos os nossos líderes parecessem como um diretor de uma das quinhentas maiores empresas americanas, provavelmente estaríamos fazendo algo errado.

Certa vez, tive a atenção de Steve Timmis, um plantador de igreja e autor no Reino Unido. Comecei a falar-lhe sobre a falta de liderança que eu vi em nossa igreja, e ele me desafiou quanto a isto. Ele observou que o apóstolo Paulo plantava igrejas e estabelecia presbíteros dentro de um período de tempo relativamente curto. Por exemplo, Paulo plantou a igreja em Éfeso (Atos 19). Ele ministrou ali desde o final do verão de 52 d.C. até à primavera ou o início do verão de 55 d.C.[2] Quando houve um tumulto, ele foi para a Macedônia. Depois de algum tempo viajando, Paulo aportou em Mileto. E lemos em Atos 20 que ele chamou os presbíteros da igreja de Éfeso para se reunirem com ele. Em outras palavras, Paulo foi capaz de plantar a

---

2   F. F. Bruce, *New Testament History* (New York: Doubleday, 1980), 326.

igreja em Éfeso e formar líderes naqueles primeiros três anos. Quão teologicamente sofisticados e profissionalmente experimentados eram esses homens?

Cristo, que ascendeu ao céu, promete graciosamente prover líderes para sua igreja (Ef 4.7-12). Se há escassez de liderança em nossa congregação, isso pode estar acontecendo porque procuramos as coisas erradas ou porque não temos feito a obra de desenvolver as coisas certas.

Conclusão

Amigo, se você almeja plantar ou revitalizar uma igreja, saiba de antemão que até o crescimento moderado da igreja se tornará um fardo, se você não desenvolver pessoas que podem ajudar no ministério. Não invista todos os seus esforços em trazer mais pessoas para igreja, antes que tenha feito o árduo trabalho de formar líderes.

Bons líderes, tanto aqueles que têm ofícios reconhecidos como aqueles que estão no meio da congregação, são dons de Deus que você deve procurar e desenvolver.

Redefinindo
Extraordinário

Estou às vésperas de meu quarto aniversário como pastor na Guilford Baptist Church. Entendo que o fim da história não está nem perto de ser escrito. Com toda honestidade, é um pouco embaraçoso escrever este livro tão cedo em minha carreira pastoral. É um pouco parecido com o gravar uma tatuagem quando você tem dezoito anos de idade; expressa claramente o que você pensava e sentia na época; mas você talvez viverá se lamentando de ter feito uma gravação permanente. Tenho algumas pequenas tatuagens bobas que me lembram desta verdade cada manhã, quando me vejo no espelho.

Permita-me algumas páginas na conclusão, para fazer algumas observações e falar um pouco sobre meus planos para o futuro... e os seus.

O QUE HOMENS JOVENS TENDEM A SUBESTIMAR

Espero ser sepultado na Guilford Baptist Church. Não literalmente, é claro, visto que talvez existam normas de saúde no condado que impediriam isso. E espero que não seja logo. Contudo, pretendo ficar aqui pelo resto de minha vida. Quero realizar o funeral de cada pessoa desta igreja até que chegue a minha vez. (Uma observação para Karen: quando chegar a minha vez, coloque meu corpo em algum riacho por aí, como numa cena de um crime no seriado *Law & Order*... você só tem um corpo, então, vamos desfrutar dele!) Esse é o meu plano. É claro que nunca sabemos qual o plano designado do Senhor para nós (ver At 18.21; Tg 4.13-16). Por isso, eu posso não estar aqui no próximo mês. Mas as intenções são importantes, ainda que não possamos controlar se elas serão realizadas ou não.

Como regra geral, acho que pastores deveriam ficar onde estão e pastorear o rebanho por muito tempo. Mark Dever comentou que um pastor frutífero tem de "pregar e orar, amar e ficar". Se estivermos fazendo bem o nosso trabalho, os nossos sermões, orações e amor serão tanto mais eficazes quanto mais tempo permanecermos em um mesmo lugar. Como um velho homem da Capitol Hill Baptist Church costumava dizer: "Homens jovens tendem a subestimar o que eles podem fazer a longo prazo".

Muitos pastores parecem usar sua igreja para subir na escada profissional, indo de igrejas pequenas para igrejas médias e, destas, para igrejas maiores que lhes pagam bem, em dinheiro e prestígio. Em vez disso, nosso alvo como pastores deveria ser plantar a nós mesmos na vida das pessoas, criar raízes profundas na comunidade e crescer no vaso em que estamos plantados. Se você acha difícil ser fiel, alegre e frutífero em seu contexto presente, é duvidoso que uma mudança de ambiente curará isso.

Sei que há exceções para esta regra. Situações ruins e oportunidades maravilhosas podem transformar uma mudança numa escolha sábia. Mas temos de lembrar que o orgulho e o amor ao dinheiro são motivações poderosas.

OBSESSIVO POR TAMANHO DE IGREJA

Então, é isto. Este é o ensino do livro em que se esperava que eu o impressionasse. Esperava-se que eu abrisse a cortina e lhe mostrasse uma igreja gigante e explicasse: *isso tudo pode ser seu, se você for e fizer da mesma maneira como eu fiz*. É claro que nada disso seria verdade. A Guilford Baptist Church é uma igreja bem simples.

Sempre temos cerca de duzentos adultos e jovens que frequentam as manhãs de domingo. Isso seria muito grande nas terras altas da Escócia, mas não nos Estados Unidos. Durante o verão, quando as pessoas estão em férias e os jovens universitários estão de volta ao seu lar, temos menos pessoas. Durante o ano escolar e nos eventos especiais, temos mais pessoas.

Pode acontecer que, no tempo em que este livro for publicado, tenhamos quatrocentas pessoas. E pode ser que metade da igreja tenha sido transferida por suas companhias ou deportada pelo Serviço de Imigração e Naturalização. Mas você compreende realmente que, em última análise, números não importam, não compreende?

Plantar igrejas é para os fracos

Deixe-me ser franco. A obsessão por tamanho de igreja está *matando* muitos plantadores de igreja. Eu costumava ir ocasionalmente a uma reunião de plantadores de igreja locais. Havia uma tensão que permeava o grupo – ou todos se gabavam sutilmente do tamanho de sua igreja (tentando parecer o que não eram) ou apresentavam desculpas quanto ao tamanho de sua igreja.

Muitos homens que servem fielmente, pastoreiam bem, pregam com clareza e amam seus rebanhos não veem fruto imediato e impressionante de seus esforços. Frequentemente, esses homens se tornam desanimados porque acham que, para ser um bom pastor, precisam ter uma igreja grande.

Outro dia almocei com um amigo. Ele assumiu o pastorado de uma igreja muito pequena há um ano e está trabalhando para revitalizá-la. Está pregando a Palavra de Deus, evangelizando os perdidos, discipulando os crentes, resolvendo questões relacionadas ao governo da igreja. Está fazendo um bom trabalho. Mas a igreja ainda não "decolou". Ela está crescendo, mas não muito. Ainda é um pouco oscilante. Não há nada impressionante na igreja para o resto do mundo. Ele confessou, durante o almoço, que tem lutado contra o desânimo. As coisas tanto em seu íntimo (orgulho) como no seu exterior (todos os livros sobre plantação e crescimento de igreja) o incentivam a igualar "igreja grande" com "pastor bom" e "igreja pequena" com "pastor de segunda classe". Tenho ouvido esta história repetidas vezes.

Talvez você já a ouviu também. Você já leu o blog de um plantador de igreja? Invariavelmente, você encontra ali uma de

Redefinindo Extraordinário

duas histórias. Ou você lê relatos de grande sucesso ("Vimos 72.000 pessoas aceitarem Jesus em nossos quarenta cultos nesta semana. E os jovens da música detonaram o templo!") ou você lê um relato que, embora não seja uma mentira descarada, é uma versão inofensiva e caricaturada da verdade.

Você quase nunca lê alguém que fala honestamente sobre os seus conflitos. Você não lerá um relato sincero a respeito do domingo em que quase ninguém apareceu para o culto. Não lerá sobre as frustrações de um plantador de igreja que não tem fruto visível. E, se você ler alguma dessas coisas, pode estar bem certo de que ele está mudando para outra igreja.

Por que isso é assim? Acho que é assim porque colocamos erroneamente pressão sobre os pastores comuns para que façam coisas extraordinárias. Por meio de livros, da televisão, da Internet e da sempre crescente cultura de celebridade no evangelicalismo, que define essencialmente um pastor *bem-sucedido* como um pastor que pastoreia uma igreja enorme. Como resultado, muitos plantadores de igreja são tentados a diluir o evangelho para atrair uma multidão (e, sejamos francos, não é difícil atrair uma multidão; bordéis e clínicas de tratamento de dependentes químicos estão cheios todos os dias). Enquanto isso, os pastores que não querem edificar suas igrejas em algo que não seja o evangelho forte são deixados a sentirem-se um fracasso, se a igreja não cresce rapidamente.

Não me compreendam mal. Isto não é um discurso de "o pequeno é belo" contra as igrejas grandes. Havendo crescido numa igreja enorme, eu prefiro realmente igrejas menores.

Plantar igrejas é para os fracos

Prefiro pastorear uma igreja que se mantém relativamente pequena, mas plantar dez outras igrejas. Essa é a minha preferência pessoal. Mas não direi que todas as igrejas grandes estão traindo o evangelho e que todas as igrejas pequenas são as únicas que são genuínas. Falando com exatidão, há igrejas pequenas que são horríveis, e há igrejas grandes que são verdadeiramente maravilhosas. Deus tem dotado e colocado alguns homens em lugares onde sua influência e ministério alcança muitas, muitas pessoas. Enquanto eles se mantiverem fiéis ao evangelho, devemos nos alegrar por seus ministérios e louvar a Deus pelos frutos que ele produz por meio desses homens.

No entanto, espero que você compreenda que esta não é a chamada de Deus para a maioria de nossos ministérios. A maioria dos pastores nunca pastoreou uma igreja que tenha mais do que duzentas pessoas.

Algumas semanas atrás, telefonei para um pastor mais velho de nossa área, o qual eu ainda não havia conhecido. Somos dos mesmos círculos teológicos. Por isso, era estranho que eu ainda não o conhecesse. Sugeri que almoçássemos juntos, e ele aceitou gentilmente. Quando nos sentamos, ele pediu desculpas por não entrar em contato comigo antes. Explicou que se cansara de encontrar-se com pastores jovens quando mudavam para a comunidade para plantar igrejas. Ele disse: "Eu os levo para almoçar e ouvi-los falar continuamente sobre como estão aqui para alcançar todo o condado com o evangelho. Falam sobre como sua igreja será e como eles serão o próximo _____. (Preencha o espaço com o nome

Redefinindo Extraordinário

de seu pastor superstar favorito.) Fico sentado e tento conter o ímpeto de gritar para eles: 'Não, você não fará isso'. Se você for alguém que trabalha arduamente e Deus o abençoar, você plantará uma igreja saudável que servirá a Deus com fidelidade! Já passei cinco minutos com você e posso dizer-lhe que você não é uma pessoa que possui tão grande *talento*!"

É claro que ele estava sendo um pouco brincalhão, mas o seu pensamento é fruto de sua experiência. Muitos plantadores de igreja nunca pastorearão igrejas enormes. Estes homens são fracassos? São servos de Deus de segunda categoria? Se não, por que tantos pastores e plantadores de igreja *se sentem* como fracassos?

REDEFINA *EXTRAORDINÁRIO*

Eis a minha solução e, de muitas maneiras, o principal argumento que desejo formular com este livro: eu quero redefinir *extraordinário*. Não acho que seja errado plantadores e revitalizadores de igreja anelarem por um ministério extraordinário. Afinal de contas, servimos a um Deus extraordinário que realizou uma salvação extraordinária por meios extraordinários. Devemos esperar que coisas extraordinárias aconteçam quando servimos a este Deus. Contudo, precisamos encarar o fato de que as coisas extraordinárias que Deus faz podem não ser imediata e exteriormente extraordinárias aos olhos das pessoas.

O que devemos considerar como obra extraordinária de Deus? Não é um prédio do tamanho de um estádio, um orçamento de milhões de dólares ou transmissões via satélite para muitos lugares. É assim que o mundo mede e realiza *extraordinário*. Pelo contrário, o extraordinário é quando Deus converte nossos vizinhos, colegas de trabalho, filhos, amigos e familiares. O extraordinário é quando pessoas orgulhosas, egoístas e iradas têm seu coração mudado pelo evangelho. O extraordinário é quando novas igrejas investem com altruísmo seu tempo, dinheiro e orações para estabelecer e multiplicar novas congregações. O extraordinário é quando casamentos são restaurados e preconceitos culturais dão lugar à unidade no evangelho de Cristo. O extraordinário é quando Deus usa pastores e plantadores de igreja "normais", homens fiéis que não têm dons e talentos comuns, para fazer toda esta obra.

Em Romanos, Paulo escreveu: "Desde Jerusalém e circunvizinhanças até ao Ilírico, tenho divulgado o evangelho de Cristo" (15.19). Leon Morris disse, em seu comentário sobre Romanos, que Paulo fez esta afirmação embora tivesse plantado várias igrejas apenas nas cidades maiores da região. Então, como Paulo pode ter dito que pregara o evangelho em toda a região? E os demais lugares da região? Morris concluiu que Paulo deve ter esperado que as novas igrejas plantadas nas cidades maiores levassem o evangelho às regiões mais remotas.[1]

A igreja local é o plano de Deus para estender seu evangelho da graça a todo o mundo. Deus espalha grupos

---

[1] Leon Morris, *The Epistle to the Romans* (Grand Rapids: Eerdmans, 1998), 514. Dave Harvey também expôs este argumento do Dr. Morris na conferência de pastores do ministério Sovereign Grace, em 2009. O mesmo argumento foi citado por Steve Timmis e Tim Chester, em seu livro *Total Church* (Nottingham, UK: InterVarsity Press, 2007), 102.

inexpressíveis de crentes por todos os lugares para estender seu reino salvífico. A igreja local proclama o evangelho, vive o evangelho e dá evidência da verdade do evangelho por meio de seu amor e de seu serviço para os que estão dentro e os que estão fora da congregação. Quando você planta uma igreja, está se comprometendo com os planos de Deus para realizar os propósitos de Deus. Cumpre-lhe ser fiel, enquanto depende da graça de Deus para realizar a tarefa designada. Deus usará os seus labores para fazer a vontade dele. Pode ser que a sua congregação esteja destinada a ser uma peça maior no quadro geral ou pode ser que esteja destinada a ser uma peça menor. De qualquer maneira, não esqueça o privilégio de ser até mesmo uma "pequena" parte no maravilhoso plano de Deus. Isto é uma vocação extraordinária.

Pessoas extraordinárias, promessas extraordinárias

Muitos plantadores e revitalizadores de igreja sofrem de um problema de perspectiva. Pregamos uma mensagem espiritual, mas vivemos funcionalmente como materialistas. Olhamos para as coisas que podemos tocar, sentir, medir e contar; e calibramos o nosso senso de sucesso somente nessas coisas.

No entanto, isso não deveria acontecer. A Bíblia faz afirmações admiráveis sobre a igreja, e essas afirmações não são modificadas, de modo algum, pelo tamanho ou pela idade da igreja.

O autor de Hebreus nos diz o que acontece quando uma congregação local se reúne para adorar a Deus. Ele nos dá um vislumbre de nossa assembleia escatológica e celestial!

> Mas tendes chegado ao monte Sião e à cidade do Deus vivo, a Jerusalém celestial, e a incontáveis hostes de anjos, e à universal assembleia e igreja dos primogênitos arrolados nos céus, e a Deus, o Juiz de todos, e aos espíritos dos justos aperfeiçoados, e a Jesus, o Mediador da nova aliança, e ao sangue da aspersão que fala coisas superiores ao que fala o próprio Abel... Por isso, recebendo nós um reino inabalável, retenhamos a graça, pela qual sirvamos a Deus de modo agradável, com reverência e santo temor; porque o nosso Deus é fogo consumidor (Hb 12.22-24, 28-29).

Você assimilou isso? Quando uma igreja se engaja em adoração coletiva, ela entra em comunhão espiritual com inumeráveis anjos e com os espíritos dos justos no céu. Quando nos reunimos para adorar, nos achegamos ao próprio Senhor Jesus Cristo. Amigo, isso é a definição de *extraordinário*! Quem realmente se importa com a quantidade de pessoas que estão com você no templo naquele momento? Quem se importa com quão inexpressivo e quão vulgar é o ajuntamento de vocês aos olhos do mundo? Os louvores reverentes e cheios de temor chegam à presença do Deus vivo, que é um fogo con-

Redefinindo Extraordinário

sumidor! Além disso, falando humanamente, se você contar todos os anjos e crentes no céu que unem seus louvores aos de sua congregação, os números de seu auditório ultrapassam os números da megaigreja que está um pouco além de sua igreja, na mesma rua.

Finalmente, examine as promessas que a Palavra de Deus faz para aqueles que servem fielmente à igreja como pastores. O apóstolo Pedro escreveu aos presbíteros da igreja engajada na batalha:

> Rogo, pois, aos presbíteros que há entre vós, eu, presbítero como eles, e testemunha dos sofrimentos de Cristo, e ainda coparticipante da glória que há de ser revelada: pastoreai o rebanho de Deus que há entre vós, não por constrangimento, mas espontaneamente, como Deus quer; nem por sórdida ganância, mas de boa vontade; nem como dominadores dos que vos foram confiados, antes, tornando-vos modelos do rebanho. Ora, logo que o Supremo Pastor se manifestar, recebereis a imarcescível coroa da glória (1 Pe 5.1-4).

"A imarcescível coroa da glória." Essa é uma promessa extraordinária. Nesta passagem, não há qualquer menção sobre quão famoso você se torna como pastor. Não. Ela nos diz apenas que presbíteros, pastores e bispos devem ser fiéis. A passagem nos ordena a sermos espontâneos, de boa vontade e gentis para com o rebanho de Deus. Se agirmos assim, receberemos "a imarcescível coroa da glória". Não posso nem começar a imaginar o que isso significa, mas estou certo de que é algo realmente, realmente bom.

Portanto, amigo, se você for chamado pelo Senhor, espero que revitalize uma igreja morta ou comece uma nova igreja. Se você já está imerso na obra, espero que renove e redobre seu compromisso com a tarefa.

Ou, se você é um pastor ou líder de igreja estabelecido, espero que você comece a pensar sobre como você pode plantar novas igrejas ou revitalizar igrejas velhas em sua área e ao redor do mundo. Mas, se você fizer isso, faça-o motivado pelas razões que já consideramos. Faça-o por causa das maneiras admiráveis pelas quais Deus usa igrejas comuns e fiéis para a sua glória.

Eu o verei quando o Supremo Pastor voltar a este mundo.

MEMORANDO SOBRE PLANTAÇÃO DE IGREJA

Preparado por Mark Dever
Para os Presbíteros da Capitol Hill Baptist Church

Memorando sobre plantação de igreja (setembro de 2004)
De: Mark Dever
Para: Os Presbíteros

Na terça-feira (7 de setembro) e na quarta-feira (8 de setembro), Mike McKinley e eu viajamos de carro para Philadelphia, a fim de passarmos dois dias conversando e orando sobre plantação de igreja, sobre o papel dele, sobre o ministério pastoral, sobre a Capitol Hill Baptist Church, etc. Durante a viagem para lá, Mike me contou seu testemunho, apresentando uma versão mais longa e o seu amadurecimento na convicção ministerial e no senso de chamada. Ele expressou imensa gratidão a Deus e à CHBC pelo que ele e Karen já experimentaram aqui.

Ele me disse que presentemente atua no discipulado de quatro homens. Karen tomou a iniciativa com algumas mulheres e está pensando em como pode estabelecer contato com mulheres não cristãs para evangelizá-las.

Lemos com muita atenção a declaração de fé da igreja e o pacto da igreja, e Mike não teve discordâncias ou hesitações quanto a afirmá-los. Gastamos quase uma hora lendo os estatutos da igreja e discutindo-os. Ele afirmou a sabedoria evidente da maneira como as questões foram estabelecidas nos estatutos.

Depois, examinamos o mapa da área de Mike, indicando quem são e onde estão os membros que moram nesta área, mas fora do Distrito, de Arlington e de Alexandria. Gastamos tempo examinando o rol de membros e considerando pessoas que poderiam ser especialmente úteis na plantação de igreja. Formulamos uma lista de 103 pessoas nas quais sugeri nos concentrássemos. Elas incluem alguns que moram na área central do lugar de plantação da igreja, porém mais no Sudeste de Maryland ou mais para o oeste, na Virginia (em qualquer lugar desde Burke até Sterling). As partes de Maryland que ficavam ao norte do Distrito (Columbia) tinham muito pouco de nossos membros para serem um lugar viável e, por isso, seriam menos úteis para nós. Pedi a Mike que me mantivesse atualizado a respeito de com quem ele estará conversando sobre envolver-se na plantação da igreja. Falamos sobre a possibilidade de Mike e Karen liderarem dois grupos de comunidades diferentes, que seriam constituídos destes 103 membros da igreja (talvez realizando cada reunião uma vez por mês, numa sexta-feira à noite, depois eles poderiam ter uma reunião a cada semana). Também gastamos mais de uma hora conside-

Apêndice 1 – Memorando sobre Plantação de Igreja

rando pessoas de fora da CHBC que ele poderia contatar.

No segundo dia, discutimos várias maneiras pelas quais a CHBC poderia fazer uma plantação de igreja contando com Mike como pastor. Havia diversas variáveis a serem consideradas, entre elas:

1a. Mike deveria ser um presbítero da CHBC antes de ir?
1b. qualquer outro dos presbíteros iria com ele?
1c. enviaríamos Mike com dois outros presbíteros ou não?
2. confiaríamos à CHBC ou à nova congregação o reconhecimento do primeiro grupo de presbíteros (ou seja, a congregação da CHBC ou somente aqueles membros que constituirão a nova igreja elegeriam os primeiros dois presbíteros que devem acompanhar Mike)?
3. onde a igreja seria plantada (onde os nossos membros interessados moram, a certa distância da CHBC, ou numa igreja com a qual faremos parceria, ou onde há uma falta total de boas igrejas, onde há crescimento populacional, numa área habitada por estrangeiros)?
4. a plantação ocorreria numa igreja já estabelecida ou começaríamos uma igreja nova?
5a. alguns dos membros da CHBC iriam?
5b. se iriam, quantos iriam?
5c. quem iria?
5d. por que eles iriam (nós lhes perguntamos, responderam a uma chamada geral, seu relacionamento com Mike e Karen, moram perto de onde será a plantação de igreja)?

6a. *quando isto aconteceria?*
6b. *quanto tempo duraria a preparação pública?*
6c. *quais seriam os estágios da preparação?*
7a. *que tipo de apoio financeiro seria dado?*
7b. *por quanto tempo?*
8. *Mike se filiaria ou seria apoiado por outro grupo?*
8a. *Batistas do Sul Conservadores na Virgínia?*
8b. *Junta de Missões Norte-Americana?*
9. *o que esperaríamos da nova igreja?*
9a. *a mesma declaração de fé?*
9b. *o mesmo pacto de igreja?*
9c. *governo congregacional com pluralidade de presbíteros?*
9d. *batista?*
9e. *reformada?*
9f. *pregação expositiva como elemento central?*
9g. *cooperação com o ministério 9 Marcas?*
9h. *nada mais (por exemplo, estilo de música, vestes casuais, estrutura de grupos pequenos, práticas de evangelização, filiação denominacional)?*

Pensemos sobre cada uma destas considerações.

1a. Mike deveria ser um presbítero da CHBC antes de ir? Minha opinião é que ele deveria ser um presbítero e ser reconhecido neste ofício tão logo quanto possível. Se acharmos que Mike não é qualificado para ser um presbítero, ele não deve ser apoiado por nós como um potencial plantador de igreja.

Apêndice 1 – Memorando sobre Plantação de Igreja

Certamente, o ministério dele em nossa congregação será mais leve no tempo da indicação (dentro de um ano) ao presbiterato do que o foi para qualquer presbítero anterior já reconhecido (exceto eu mesmo e Michael Lawrence). Todavia, isso parece fazer parte do que significa chamar um plantador de igreja de fora da nossa congregação. Mike e Karen começaram a ministrar entre nós, e não tenho dúvida de que continuarão a ser uma bênção entre uma porção mais ampla de nossos membros, e não somente entre aqueles que poderiam ir com eles. Nesta altura, Mike está focalizado em plantação de igreja, mas está também comprometido com o cuidado pastoral mais amplo na CHBC. Acho que ele é biblicamente qualificado para ser um presbítero e deve ser indicado e reconhecido tão logo quanto possível, para que prepare melhor a nossa congregação e a si mesmo para a plantação da igreja.

1b. qualquer outro dos presbíteros iria com ele? Não necessariamente, mas idealmente. Seria melhor ter (como exigem os estatutos da CHBC) dois presbíteros não pagos para darem assistência a Mike. Se deveriam ser presbíteros que servem presentemente à CHBC ou apenas membros que ele confia que sua nova congregação poderia e deveria reconhecer como presbíteros, isto é outra questão.

1c. enviaríamos Mike com dois outros presbíteros ou não? Isto seria ideal, mas não necessário.

2. confiaríamos à CHBC ou à nova congregação o reconhecimento do primeiro grupo de presbíteros (ou seja, a congregação da CHBC ou somente aqueles membros que

constituirão a nova igreja elegeriam os primeiros dois presbíteros que devem acompanhar Mike)? Ainda que os presbíteros da CHCB sejam enviados com Mike e sirvam inicialmente nesta capacidade, logo que o Tabernáculo Batista Memorial McKinley esteja constituído (ou qualquer outro nome que ele escolha), aquela congregação precisará confirmar ou rejeitar os presbíteros que estiverem servindo no momento. É possível que membros da CHBC que acompanharão Mike sejam reconhecidos como presbíteros pela igreja plantada, os quais a CHBC, por prudência, não reconheceria como presbíteros de nossa congregação neste tempo.

3. onde a igreja seria plantada (onde os nossos membros interessados moram, a certa distância da CHBC, ou numa igreja com a qual faremos parceria, ou onde há uma falta total de boas igrejas, onde há crescimento populacional, numa área habitada por estrangeiros)? Os nossos membros interessados estão mais provavelmente em um de três lugares – ou na área central da cidade de plantação da igreja e mudariam para onde será a plantação, ou já vivem no Sul de Maryland (no Sul de Bladensburg), ou vivem aqui no Oeste da Virginia, desde Burke até Herndon. É preferível que a plantação da nova igreja seja mais distante da CHBC, para servir melhor aos membros que já moram naquela área e tornar mais viável a plantação da igreja. Se acharmos uma congregação já existente no Distrito (Columbia), em Arlington ou Alexandria, podemos decidir se ela é, providencialmente, identificada conosco. Mike gastará uma parte de seu tempo

Apêndice 1 - Memorando sobre Plantação de Igreja

observando a situação da igreja nas duas áreas já identificadas. Providencialmente, Deus já deu a CHBC muitos contatos com outras igrejas locais, e cremos que estes contatos serão usados com bom proveito em nossos esforços de plantar uma igreja.

4. a plantação ocorreria numa igreja já estabelecida ou começaríamos uma igreja nova? Há vantagens em ambas as opções, mas preferimos pegar uma igreja pobre ou enferma e renovar seu testemunho do evangelho na comunidade. Fracassando nisto, certamente agiremos para começar uma nova congregação.

5a. alguns dos membros da CHBC iriam? É possível que Mike saia de entre nós sem qualquer membro que o acompanhe, e , apesar disso, a renovação ou plantação de igreja seja um sucesso. Deus pode dar vida por meio da pregação de sua Palavra, e sabemos que Mike é comprometido com isto. Nossa preferência é que alguns dos membros vão com ele, tanto para ajudar a estabelecer o trabalho como para dar lugar a novos membros aqui.

5b. se iriam, quantos iriam? Isto parece depender quase totalmente da resposta à pergunta 5d - por que eles irão? Esperamos que o número seja tão grande que encoraje Mike e Karen e torne o sustento deles viável, mas não tão grande que prejudique a obra na CHBC. Pensamos desde uns cinco até cinquenta, mas, se cem pessoas quiserem ir, confiaremos na providência de Deus! Muito depende de quem são as pessoas que irão.

5c. quem iria? Mais uma vez, isso depende amplamente da resposta à próxima pergunta. É óbvio que as pessoas devem, por si mesmas, escolher ir e fazer parte disto. Parte de sua disposição de ir pode ser o respeito pela visão da CHBC neste projeto, mas parte desta disposição deve ser também o reconhecimento delas quanto ao ministério de Mike, o seu desejo de apoiá-lo nisto, o seu desejo de ver uma congregação estabelecida no lugar escolhido, a sua capacidade de viver perto da igreja e, talvez, seus relacionamentos com outras pessoas que se comprometeram a envolver-se na nova congregação. Se uma família vai porque outra família vai (ou se isto é pelo menos parte da razão), devemos reconhecer isso como natural e bom.

5d. *por que eles iriam (nós lhes perguntamos, responderam a uma chamada geral, seu relacionamento com Mike e Karen, moram perto de onde será a plantação de igreja)?* Podemos imaginar diversas razões por que eles deveriam ir. Idealmente, não deveria ser por causa de uma profunda insatisfação com a CHBC (talvez outra coisa além de seu tamanho). Pessoas poderiam ir porque pedimos especificamente a sua ajuda. Poderiam achar, elas mesmas, que se sentem tocadas pelos anúncios que fazemos publicamente, quando formamos uma visão em referência a uma igreja em uma comunidade específica. Alguns poderiam querer ir por causa dos relacionamentos que Deus desenvolveu entre eles e Mike e Karen. Alguns poderiam querer envolver-se porque moram perto ou na própria comunidade de plantação da nova igreja.

6a. *quando isto aconteceria?* Não podemos saber. Mas gostaríamos de ver esta congregação estabelecida por volta de 1º de julho de 2006. Obviamente, não podemos ter certeza disso,

Apêndice 1 - Memorando sobre Plantação de Igreja

mas esta parece uma boa data para usarmos como alvo. Se acabássemos sendo parceiros de uma congregação já estabelecida, isso se daria muito mais rápido. Talvez seja melhor que Mike não deixe a CHBC antes de 1º de julho de 2005, por causa de seu próprio treinamento e relacionamentos. Entendemos seu tempo na CHBC como algo semelhante a uma residência médica, que o prepara, mediante experiência, para praticar por si mesmo.

6b. quanto tempo duraria a preparação pública? De novo, isto depende das variáveis, mas idealmente deveria ser pelo menos um ano, durante o qual a congregação poderia saber detalhes, obter informação e orar, e os indivíduos poderiam decidir sobre a sua participação específica. Isto pode ser mudado, se acabarmos fazendo parceria com uma igreja existente que está em grande necessidade.

6c. quais seriam os estágios da preparação? Decidir e anunciar em que lugar seria a plantação ou renovação de igreja e, depois, dar às pessoas tempo suficiente para resolverem quem iria como parte disto. Encorajaríamos o grupo (autoidentificado, mas com a bênção dos presbíteros) a se reunir com Mike para orarem e planejarem. Quantas, com que regularidade e por quanto tempo estas reuniões aconteceriam, isso seria determinado por outros fatores.

7a. que tipo de apoio financeiro seria dado? Isso dependeria do que é necessário. Uma congregação existente com a qual firmaríamos parceria pode ser ela mesma financeiramente viável. Mesmo não levando isso em conta, o número de membros que vão poderia, pelo menos, pagar o salário de

Mike e alugar um local para as reuniões sem a ajuda da CHBC. Isto teria de ser resolvido com o entendimento de que a CHBC está comprometida com a viabilidade da nova congregação, mas que a nova congregação tem de se mostrar, ela mesma, comprometida com a obra.

7b. por quanto tempo? O sustento da Convenção Batista do Sul dos Estados Unidos e da Junta de Missões Norte-Americana para plantadores de igreja é por 3 anos, eu acho (sustento completo no primeiro ano, diminuindo fortemente em cada dos dois anos posteriores). Eu sugeriria que nos comprometêssemos com o sustento total de Mike durante o primeiro ano (ainda que a nova congregação tenha condições de pagá-lo antes disso). Sustento financeiro além do primeiro ano dependeria do que veríamos estar acontecendo na nova congregação. Devido aos próprios dons de Mike, às pessoas que vão com ele e às pessoas existentes (se fizermos parceria), esperamos que a nova congregação seja capaz de pagar totalmente o salário de Mike no começo do ano depois que eles se constituíssem como igreja. Se isso não acontecesse, nós (os presbíteros da CHBC) precisaríamos avaliar ou o lugar que escolhemos, ou a qualidade da obra de Mike, ou os membros de nossa congregação que foram, para decidir que curso de ação tomarmos.

8. Mike se filiaria ou seria apoiado por outro grupo?
8a. Batistas do Sul Conservadores na Virgínia? Mike examinará isto e nos dará recomendações.
8b. Junta de Missões Norte-Americana? Mike examinará isto e nos dará recomendações.

Apêndice 1 – Memorando sobre Plantação de Igreja

9. o que esperaríamos da nova igreja?

9a. a mesma declaração de fé? É uma boa declaração. Ou a declaração da igreja existente, dependendo do que ela diz (precisaria da aprovação dos presbíteros da CHBC).

9b. o mesmo pacto de igreja? Ou algo semelhante.

9c. governo congregacional com pluralidade de presbíteros? Não estamos planejando uma igreja do ministério Sovereign Grace e não queremos que Mike tenha de servir sem colegas presbíteros. Ao mesmo tempo, se ele for para uma igreja existente que não tenha presbíteros, pode haver necessidade de alguma flexibilidade em mudar para uma pluralidade de presbíteros. Isto deve ser entendido e aceito de antemão pela congregação.

9d. batista? Isto é inegociável. Não nos importa se isto não estiver no nome. Embora eu pense que seja mais honrável tê-lo no nome, mas não é essencial. O fato de que a congregação exija o batismo do crente para alguém ser membro da igreja é necessário para que apoiemos a obra.

9e. reformada? Como a Capitol Hill Baptist Church é.

9f. pregação expositiva como elemento central? Isto é fundamental para uma igreja saudável. Mike está comprometido com isto. Não estamos dizendo que seus sermões precisam ter uma hora de duração!

9g. cooperação com o ministério 9 Marcas? Se, por alguma razão, Mike não quiser isso, desejaremos saber por quê. Ele mesmo deve trabalhar para ter uma igreja saudável e levar sua congregação a trabalhar para propagar isso entre outros pastores e líderes de igreja.

9h. *nada mais (por exemplo, estilo de música, vestes casuais, estrutura de grupos pequenos, práticas de evangelização, filiação denominacional)?* Muitas coisas são questões de prudência e da personalidade do pastor, presbíteros, membros, situação, etc. Todas estas outras coisas devem ser deixadas à discrição dos líderes e, em última análise, dos membros da outra congregação.

EM CONCLUSÃO:

Mike trabalhará em desenvolver relacionamentos, em observar outras igrejas nas duas áreas designadas, em procurar outras oportunidades que surgirão e dar-nos uma recomendação quanto a receber o apoio financeiro dos Batistas do Sul Conservadores na Virgínia ou da Junta de Missões Norte-Americana. Ele trará esta recomendação aos presbíteros por volta de 1º de dezembro de 2004. Mike nos dará, na reunião de líderes da igreja, relatórios semanais sobre o progresso no estabelecimento de relacionamentos com pessoas em nossa congregação, em particular (embora não os únicos) com aqueles que estão interessados na plantação da igreja. Sob o critério dos presbíteros, Mike lhes dará atualizações semanais sobre o seu trabalho, em uma assembleia de membros ou em um domingo de manhã, como motivo de oração. Mesmo sem a ação dos presbíteros quanto a isto, eu provavelmente pedirei a Mike que fale algumas vezes no culto de domingo de manhã, dependendo de algum assunto específico que a congregação deveria saber e sobre o qual deveria orar.

FIEL
MINISTÉRIO

O Ministério Fiel tem como propósito servir a Deus através do serviço ao povo de Deus, a Igreja.

Em nosso site, na internet, disponibilizamos centenas de recursos gratuitos, como vídeos de pregações e conferências, artigos, *e-books*, livros em áudio, blog e muito mais.

Oferecemos ao nosso leitor materiais que, cremos, serão de grande proveito para sua edificação, instrução e crescimento espiritual.

Assine também nosso informativo e faça parte da comunidade Fiel. Através do informativo, você terá acesso a vários materiais gratuitos e promoções especiais exclusivos para quem faz parte de nossa comunidade.

Visite nosso website

www.ministeriofiel.com.br

e faça parte da comunidade Fiel

Esta obra foi composta em Chaparral Pro 10,8 e impressa
na Promove Artes Gráficas sobre o papel Pólen Soft 70g/m2,
para Editora Fiel, em Setembro de 2020